W0284949

FOTO: VOLKER RENNER

Liebe Leserinnen,
liebe Leser,
liebe Freunde von MERIAN

seit 75 Jahren berichten wir aus deutschen Städten und fernen Ländern. Mit dieser Ausgabe halten Sie ein neues MERIAN in den Händen: Auf 188 Seiten reisen Sie mit uns um die ganze Welt.

Wir nehmen Sie mit in die Unterwasserwelt der Malediven, zu den Whisky-Brennern auf der schottischen Insel Islay und den Architektur-Ikonen in Oslo und Kopenhagen, nach Bali, Dubai, Dresden und ins Weltall. Merian erzählt Ihnen die Geschichte des Hamburger Hotels „Vier Jahreszeiten“ und die der Flensburger Manufaktur „Robbe & Berking“. Beide eint, dass sie allerhöchste Ansprüche an sich stellen und das Einzigartige zelebrieren. So wie wir. Es sind die besonderen, oft auch exklusiven Erlebnisse, die wir suchen und von denen wir Ihnen in unseren Reportagen und mit opulenten Fotos berichten.

Zu jedem Thema erhalten Sie einen umfangreichen Reiseführer. Sie finden dort auch Empfehlungen, die wir in Kooperation mit „Der Feinschmecker“ ausgewählt haben: für Hotels, Restaurants und Aktivitäten in der Umgebung. Die Tipps können Sie sich, in Form kuratierter Google Maps Karten, über QR Codes direkt auf Ihr Handy laden.

Lassen Sie sich inspirieren und gehen Sie mit uns auf Reisen!

Ihr Sebastian Ganske

Bei vielen Hotels und Restaurants im Heft finden Sie Bewertungen. Diese wurden von Expertinnen und Experten aus den Redaktionen Merian und „Der Feinschmecker“ nach dem unten stehenden Schema vergeben

MERIAN®

●●●●● In jeder Hinsicht perfekt ●●●● Herausragendes Design, beste Lage, erstklassiger Service
●●● Ein Haus mit besonderem Charakter und ausgezeichnetem Komfort ●● Wohlfühl-Atmosphäre und hochwertige Ausstattung
● Ein gutes Hotel mit ansprechendem Ambiente ◐ Freundlicher Service, sympathisches Haus

DER FEINSCHMECKER

●●●●● In jeder Hinsicht perfekt ●●●● Küche und Service herausragend, Ambiente und Komfort außergewöhnlich
●●● Exzellente Küche, sehr guter Service, Komfort und Ambiente bemerkenswert ●● Sehr gute Küche, guter Service, angenehmes Ambiente, komfortabel
● Gute Küche, ansprechendes Ambiente ◐ Solide Küche, sympathisches Lokal

44 Tiefgründige Trauminseln
Ja, die Strände der Malediven sind fast unwirklich schön, sie machen aber nur etwa ein Prozent des Inselstaates aus. Der Rest ist weiter, sehr lebendiger Ozean

170 Ganz weit weg
Ittoqqortoormiit im Osten Grönlands ist bis in den späten Frühling nur mit Kreuzfahrtschiffen erreichbar, die Eis brechen können

Vielreisende Marie Bäumer über eine wegweisende Tour, Constantin Schreiber über die Dynamik von Dubai, Denise Omurca über ihr Resort auf Bali, Saša Stanišić über seine Liebe zu Dalmatien

102 Die neue Liebe zum Fjord
Oslo hat die Schiffsindustrie verlagert und Platz geschaffen: für herausragende Architektur und pure Lebensfreude am Wasser

TITELBILD: SHIFAAZ SHAMOON/UNSPLASH; FOTOS: CONSTANCE, NATASCHA KLEIN/PONANT, SEBASTIEN MANIGAUD, BERNHARD SPÖTTEL, KATJA SÄMANN, OVERHATE, DIDRICK STENERSEN/VISITOSLO

BLAUES WUNDER: UNSER COVER ZEIGT
DAS RESORT „COMO COCOA ISLAND“ AUF DEM
SÜDLICHEN MALÉ ATOLL DER MALEDIVEN

8 REISEFIEBER
Die Magie eines Augenblicks

20 KOMPASS Trends und Tipps: ein Museum für Serge Gainsbourg, drei Kunst-Hochkaräter, 007-Abenteuer auf Bestellung

26 SMART TRAVEL Vier Dinge, die das Reisen erleichtern

28 LOBBY Hotel-Neuheiten aus Japan, den Pyrenäen und St. Moritz

32 MENÜ Zwei Koch-Stars, der beste Grappa, Genuss-Tipps für Mailand

36 CITY LIGHTS Kopenhagen. Architektur, Shopping und eine kreative Königin

42 DIE REISE MEINES LEBENS
Marie Bäumer über einen langen Ritt durch den Wilden Westen

TITELTHEMA
TRAUMINSELN

44 Malediven: Land mit Tiefgang. Traumresorts an Land, buntes Leben unter Wasser
55 *MERIAN-Service Malediven*

56 Das Gold von Islay. Zu Besuch in den weltberühmten Destillerien von Bowmore, Lagavulin und Co., unterwegs im rauen Westen Schottlands
64 *MERIAN-Service Islay*

66 Balearen: Die ungleichen Schwestern. Mallorca sucht einen leiseren Tourismus, Menorca hat ihn
74 *MERIAN-Service Mallorca/Menorca*

76 Bali: Tropen in Perfektion. Wie acht Luxuszimmer in einen abgelegenen Dschungel kamen
82 *MERIAN-Service Bali*

84 Paradiesische Zustände. Elf Insel-Resorts von Jamaika bis zu den Lofoten

92 MANUFAKTUR
Glänzende Handarbeit. Feinstes Tafelsilber, edle Jachten: Bei Robbe & Berking fertigen sie beides mit Liebe zum Detail

102 Oslos neue Ufer. Norwegens Hauptstadt hat sich ihrem Fjord zugewandt und eine Architektur-Ikone nach der anderen wachsen lassen
116 *MERIAN-Service Oslo*

118 EIN HAUS UND SEINE GESCHICHTE
Das „Hotel Vier Jahreszeiten“, leiser Luxus in Hamburg

126 250 Jahre Caspar David Friedrich – drei Städte feiern den Malerstar mit großen Ausstellungen
132 *MERIAN-Service Hamburg/Berlin/Dresden*

134 GOURMET-GUIDE DUBAI
Eine Entdeckertour zu 20 Top-Adressen im kulinarischen Schmelztiegel der Emirate

144 Interview: Constantin Schreiber über seine Faszination für Dubai

146 Weniger am Meer. Reset im „Lanserhof“ auf Sylt
156 *MERIAN-Service Health Retreats*

158 Space Tourism. Wie Unternehmer nach den Sternen greifen und Reisen ins All ein erfüllbarer Traum wird

170 Fünf entlegene Schönheiten. Von Palau bis Grönland: mit exklusiven Kreuzfahrtschiffen zu Orten, die sonst kaum zu bereisen sind

182 EXCLUSUITE
Ein Hotelzimmer setzt Maßstäbe

186 AUF REISEN MIT SAŠA STANIŠIĆ
Wo er beschloss, Schriftsteller zu werden, und was ihn an Brunnen fasziniert

184 *Impressum*
185 *Vorschau*

can places
change us?

Svalbard, Norwegen

Konfettiregen bei Kilometer 13

Mit jährlich rund 50 000 Teilnehmern ist der New York City Marathon das größte Rennen der Welt. Und eine riesige Party: Entlang der Strecke feuern rund zwei Millionen Menschen die Läufer an und feiern sie schon lange vor dem Ziel – so wie hier in Brooklyn nach nicht einmal einem Drittel der Strecke. Gelaufen wird immer am ersten Sonntag im November

FOTO: KATIE GODOWSKI/MEDIAPUNCH/PICTURE ALLIANCE

REISEFIEBER

DIE MAGIE EINES AUGENBLICKS

FOTO: ROYAL COMMISSION FOR ALULA (RCU)

Eine moderne Fata Morgana

Man muss schon zweimal hinschauen, um zu erkennen, dass es sich nicht um einen Photoshop-Fehler handelt, sondern um ein großes Glashaus. Genau genommen sogar um das größte komplett verspiegelte Gebäude der Welt: Es heißt „Maraya", hat eine Leibgarde vor der Tür und befindet sich in Saudi-Arabiens aufkommender Tourismusregion Al-'Ula. In der Wüste finden Open-Air-Ausstellungen, Musikfestivals und Poloturniere statt, „Maraya" selbst ist eine Multifunktionshalle für Pop-up-Events und Konzerte. Hinter den 9740 Glaspaneelen trat etwa schon Enrique Iglesias auf

Rosarotes Unikat

Warum der Lake Hillier auf der australischen Middle Island das ganze Jahr über pink leuchtet, galt lange als Rätsel – erst 2022 fanden Forscher heraus, dass ein Mix seltener Mikroben für die Färbung sorgt. Betreten kann man die unter Naturschutz stehende Insel vor Australiens Südwestküste ebenso wenig wie den See, den nur ein schmaler Dünenstreifen vom Ozean trennt – dafür aber einen spektakulären Rundflug über beide buchen

FOTOS: OSPREY CREATIVE PTY LTD/TOURISM WESTERN AUSTRALIA, TOURISM AUSTRALIA

Türkisblaue Heimat

Für die Surfer von Brisbane ist North Stradbroke Island, die zweitgrößte Sandinsel der Welt, eine kurze Fahrt mit der Fähre entfernt. Für die Kängurus ist „Straddie" ihr Zuhause. Besonders gut zu beobachten sind sie, während die Sonne auf- oder untergeht – oder wenn sie sich neugierig in ein Panoramafoto drängeln

FOTOS: ZUMA WIRE/IMAGO IMAGES, MARTIN SANCHEZ/UNSPLASH

Allein gegen das Monster

Die Brandung von Nazaré ist legendär. Wenn im Herbst und Winter der Westwind peitscht, ist vor dem portugiesischen Städtchen Monsterwellen-Saison: Surfer lassen sich per Heli oder Jet-Ski hinausbringen, um die bis zu 30 Meter hohen Wellen zu reiten – und hoffentlich mit dem Leben davonzukommen

Spiel mit dem Feuer

Der Vulkantourismus boomt, sogenannte Lavajäger reisen um den Globus, um bei Ausbrüchen live dabei zu sein. Besonders viele kommen nach Island, wo 33 Vulkane aktiv sind. Der Fagradalsfjall liegt nur etwa 40 Kilometer von Reykjavík entfernt und wirkt wie aus einem anderen Erdzeitalter

FOTO: TAMPATRA/ISTOCK BY GETTY IMAGES

Die Nacht der tausend Laternen

Am Ende der Regenzeit leuchtet der Himmel über Chiang Mai. Pünktlich zum Vollmond des zwölften Monats im thailändischen Mondkalender – 2023 am 27. und 28. November – wird das Lichterfest Yee Peng gefeiert. Thais und Touristen lassen Seite an Seite Lampions in die Luft steigen und wünschen sich Glück für das kommende Jahr. Verschluckt die Dunkelheit die Laterne, bevor die Kerze erlischt, sind die Aussichten gut. Stürzt sie in die Tiefe – nun ja, viel Glück!

Einfach mal Pause machen

Von Faultieren lernen heißt Gelassenheit lernen. Was soll's, wenn eine ganze Gruppe Touristen bei einer Baumwipfel-Tour auf Costa Ricas Halbinsel Osa gerne die Zipline benutzen möchte? Jetzt wird erst mal geschaukelt! Die Faultiere sind das fotogene Aushängeschild der reichen Fauna des mittelamerikanischen Landes – etwa fünf Prozent aller Arten der Welt sind in Costa Rica zu Hause

FOTOS: MONICA GUMM/LAIF, ANDREA LEOPARDI/UNSPLASH

Sechs Pilze für Sevilla

Las Setas, die Pilze, haben die Einwohner von Andalusiens Hauptstadt die Rundungen dieser gigantischen Holzkonstruktion getauft. Der „Metropol Parasol" des deutschen Architekten Jürgen Mayer H. hat das Stadtzentrum in einen Dschungel verwandelt, über den ein Rundweg führt. Besonders schön ist die Aussicht im Herbst, wenn die Sonne nicht mehr ganz so gnadenlos über Sevilla brennt

Gilder Center
New Yorks neues Netzwerk

Das American Museum of Natural History, eines der größten Naturkundemuseen der Welt, hat nochmal rund 21 400 Quadratmeter Zuwachs bekommen: Im Mai 2023 wurde das Richard Gilder Center for Science, Education and Innovation eröffnet. Mit einem spektakulären Bau aus Spritzbeton, Kostenpunkt etwa 430 Millionen Euro, haben die Architekten von Studio Gang eine Lücke des Gebäudekomplexes, erbaut ab dem späten 19. Jahrhundert, geschlossen. Er verkörpert den Anspruch des 2020 verstorbenen Philanthropen Richard Gilder, Bildung leichter zugänglich zu machen. 18 Unterrichtsräume wurden geschaffen, aber auch riesige Ausstellungsflächen. „Invisible Worlds" etwa zeigt die nicht sichtbaren Netzwerke des Lebens auf der Erde als interaktives 360-Grad-Erlebnis. **www.amnh.org**

1094

Aus diesem Jahr stammen die ältesten Bauteile der Alten Synagoge in Erfurt, die seit September 2023 zum UNESCO-Welterbe zählt.

www.juedisches-leben.erfurt.de

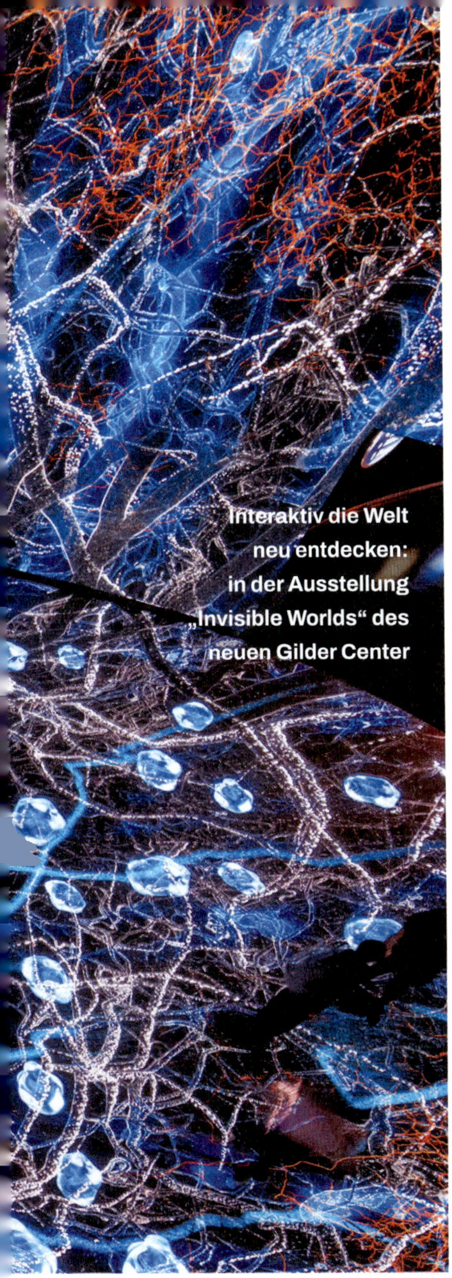

Interaktiv die Welt neu entdecken: in der Ausstellung „Invisible Worlds“ des neuen Gilder Center

100 FRAUEN

Revolte in London

Der feministischen Kunst im Vereinigten Königreich widmet die Tate Britain ab November die große Schau „Women in Revolt“. Werke von mehr als 100 Künstlerinnen sind darin ausgestellt – darunter von Helen Chadwick (hier „In the Kitchen (Stove)“ von 1977).

8. November 2023–7. April 2024

www.tate.org.uk

HOLBEIN

Alte Meister in Frankfurt

Hans Holbein der Jüngere (1497-1543, hier sein Bildnis von Simon George of Cornwall) wird ab November zusammen mit seinem Vater und Zeitgenossen wie Albrecht Dürer unter dem Titel „Holbein und die Renaissance im Norden“ im Städel ausgestellt. **2. November 2023–18. Februar 2024, www.staedelmuseum.de**

TURNER

Neue Horizonte in München

Lichtstimmungen und Stürme bringen ab Ende Oktober einige Wände im Lenbachhaus in Bewegung. „Turner. Three Horizons“ heißt die Schau, die das Museum einem der Wegbereiter der Moderne widmet: Joseph Mallord William Turner (1775-1851). Zu sehen sind rund 40 Gemälde (hier „Der Hafen von Brest“) sowie 40 Aquarelle und Skizzen.

28. Oktober 2023–10. März 2024

www.lenbachhaus.de

Exklusive Führung am 20. Dezember 2023

www.merian.de/events

FOTOS: IWAN BAAN, THE ESTATE OF THE ARTIST/TATE/COURTESY RICHARD SALTOUN GALLERY, LONDON AND ROME, STÄDEL MUSEUM, TATE/TATE IMAGES

Zwischenorte: die Lounge

Antonia Aust
über den Luxus des Wartens in Dubai

Verspätete Flüge sind ärgerlich – meistens. Außer man nutzt die Zeit, um ausgiebig Airport-Lounges auszuchecken. So blieb ich kürzlich in Dubai hängen. Der Flughafen ist die Homebase von Emirates, mit sieben First und Business Class Lounges der Airline ist das Angebot dort üppig. Sie sind ausgestattet mit Ruhesesseln und einem Spa. Abgepackte Sandwiches muss hier niemand essen, Food-Stationen bieten Gerichte aus diversen Geschmackswelten an. In der First Class Lounge gibt es ein À-la-carte-Restaurant und eine Spirituosenboutique. Schade, dass ich nicht genug Verspätung hatte, um die Champagner Lounge ausgiebig zu testen. Zugang für Passagiere der First und Business Class von Emirates und Qantas. Oder zum Preis von ca. 165 bzw. 280 Euro.

www.emirates.com

Der Insta-Banker

Weil Sam Wilmot in einer Tour Sitzbänke kommentierte, legten ihm seine Freunde nahe, daraus einen Instagram-Account zu machen. Vier Jahre später hat @ratethisbench mehr als 15 000 Follower und der Mann aus Bristol rund 300 Bänke rezensiert. Sie stehen in Parks und Einkaufszentren, auf Bürgersteigen und Hügelkuppen, an einem Fußballplatz oder einer Eisbahn. Zu jedem Foto schreibt Wilmot eine liebevolle Kritik und vergibt Bank-Noten von 1 bis 10. Aussicht, Material, Rückenlehne, Fundament, alles fließt in die Bewertung ein. Wilmot nimmt seine Sache ernst, bisher hat noch keine Bank von ihm die Höchstwertung bekommen, nur drei verdienten sich eine 9.

11

ist die Hausnummer des neuen Flagship-Stores von Gucci in München – natürlich an der Maximilianstraße, unweit der Oper.

www.gucci.com

Chez Serge

Alles ist noch genau so wie an seinem letzten Tag. Die halb leeren Rotweinflaschen und die Aschenbecher mit Stummeln seiner Lieblingsmarke Gitanes, die schräge Sammlung von Polizeiabzeichen und die Schallplatten am Eingang, das große Porträt von Brigitte Bardot im Wohnzimmer. Am 2. März 1991 starb Serge Gainsbourg, Frankreichs großer Liedermacher und Exzentriker, in seinem Haus in der Pariser Rue de Verneuil. Mitte September 2023 hat das Anwesen im 7. Arrondissement als Maison Gainsbourg neu eröffnet – und die an Sehenswürdigkeiten wahrlich nicht arme französische Hauptstadt um eine reicher gemacht. Gainsbourg selbst hatte seinem Haus diese Karriere vorhergesagt. „Ich weiß nicht, was es ist", sagte er, während er für ein Fernsehinterview die Crew durch die Räume führte. „Eine Stube, ein Musizierzimmer, ein Durcheinander, ein Museum." Dass es nun wirklich Letzteres wurde, ein ihm gewidmetes Künstler- und Ausstellungshaus, ist vor allem seiner Tochter zu verdanken, der Schauspielerin Charlotte Gainsbourg. Sie hat das Anwesen im Originalzustand bewahrt.

www.maisongainsbourg.fr

»Die Entdecker-Lust steigt«

Kerstin Bognár aus Hamburg hat den Reiseclub „The Niche Traveller" gegründet. Ihr Angebot: maßgeschneiderte Urlaube für Individualisten

MERIAN *Wie funktioniert The Niche Traveller?*

KERSTIN BOGNÁR Wie ein Abomodell. Wir beraten unsere Kunden, organisieren und buchen ihren Urlaub. Dafür haben wir einen riesigen Fundus, aus dem wir schöpfen können. Das ist wie bei einem Puzzle, das man individuell zusammensetzen kann.

Kannst Du beim Buchungsverhalten Trends ablesen?

Die Sehnsucht einer übersättigten Gesellschaft nach Einfachheit, die spüren wir. Die meisten suchen Geheimtipps, Unterkünfte, die besonders sind. Nachhaltigkeit ist ihnen wichtig. Und die Entdecker-Lust steigt. Wer zu uns kommt, will viel erleben, schöne, authentische Orte entdecken, aktiv sein.

Wie findet Ihr die Häuser und Hotels?

Sowohl ich als auch unsere Travelscouts sind viel unterwegs. Und manchmal bekommen wir mit, dass ein Reiseziel belebt wird. Comporta in Portugal zum Beispiel: Vor rund zehn Jahren waren wir zum ersten Mal dort, und mir war schnell klar, dass dort noch einiges passieren wird.

Was bedeutet für Dich persönlich Luxus auf Reisen?

Komplett offline zu sein. Ich schätze Ruhe und Abgeschiedenheit sehr, einfach ein paar Stunden für mich in der Natur zu verbringen. An Unterkünfte habe ich sehr hohe Ansprüche, da definiere ich wahren Luxus über die Freundlichkeit des Personals und die Qualität der Einrichtung. Dazu kommt immer die Kulinarik, die muss nicht teuer sein, da geht es mehr um Authentizität.

Hast Du noch einen Tipp, den Du den Lesern gerne mitgeben würdest?

Meine Entdeckung des Sommers war Nordspanien, genauer die Region Kantabrien, nordwestlich von Bilbao. Diese Mischung aus tollen Buchten und Bergen, das hat was von Österreich mit Strand. Die Region ist sehr ländlich und authentisch, und in jedem Minidorf gibt es ein richtig gutes Restaurant!

www.niche-traveller.com

EXKLUSIVE ERLEBNISSE

Großes Reise-Kino mit 007

Sean Connery umkurvte einst im James-Bond-Film „Goldfinger" das Hotel am Furkapass (rechts im Bild). Das steht beim Reiseunternehmen Pelorus nicht auf dem Programm, dafür andere Missionen, die an 007 erinnern: durch eisige Gewässer in Grönland fahren, Sprengstoff entschärfen spielen, an Supercar-Schaufahrten im schottischen Hochland teilnehmen oder in Venedig Martinis schlürfen. Das Luxusreise-Unternehmen Black Tomato hat eine Reise namens „The Assignment" mit der Produktionsfirma von James Bond entwickelt. In Großbritannien, Frankreich, Monaco und Italien kann man in die Welt von Bond eintauchen, unter anderem sind Trainings mit dem Stunt-Koordinator des Schauspielers Daniel Craig buchbar.

www.pelorusx.com
www.blacktomato.com/james-bond

FOTOS: CARLO KÜTTEL, JASIN BOLAND

Ein Traum von einem Drift: Bonds Aston Martin DB5 in „Keine Zeit zu sterben"

Versehentlich filmreif

Die Filmkulissen des Regisseurs Wes Anderson sind Kult – weit über seine Filme hinaus. Die Online-Plattform „Accidentally Wes Anderson" zeigt Orte, die für ihn filmreif sein könnten, aus den besten Fotos ist sogar ein Bildband entstanden. Auf dessen Cover: das Belle-Époque-Hotel „Belvédère" in einer Spitzkehre am Furkapass im Schweizer Kanton Wallis. Es steht schon länger leer, ist und bleibt aber ein Instagram-Hit. Das Vorwort zum Bildband schrieb übrigens Anderson höchstselbst, die Orte und Dinge in diesem Buch habe er selbst nie gesehen, „aber ich muss sagen: Das habe ich vor".

www.accidentallywesanderson.com

SMART TRAVEL

Glanzstück

Den Kofferklassiker von Rimowa gibt es jetzt en miniature als Handtasche. In einem Reißverschlussfach und drei Kartenfächern sind Handy, Geld und Pässe bestens aufgehoben. Die Hülle aus Aluminium (13 x 21,5 x 7 cm) kann man auch in Schwarz bestellen, die Lederriemen sind beim silberfarbenen Modell auch in Blau verfügbar.

Ab 1320 Euro, www.rimowa.de

Alles im Griff

Wer etwa über die Rambla in Barcelona schlendert, sollte sein Portemonnaie gut vor Taschendieben verstecken. Oder die Aufbewahrungsbox Trova Go bei sich führen. Sie wird in verschiedenen Farben wie Schwarz, Braun und Grau angeboten und ist groß genug, um darin Schlüssel oder Wertsachen wie Bargeld und Kreditkarten zu verstauen. Öffnen lässt sich die Box aus Aluminium per biometrischem Scan oder, etwa wenn der Partner sie benutzt, mit der Trova-App, an die sie bei Bedarf auch Updates über die letzte Location sendet. Auch als Plus-Size-Variante lieferbar.

Ab ca. 178 Euro, www.trovaofficial.com

Ordnungshüter

Weniger Müll, mehr Stil: In diese auslaufsicheren Kunststoffwaben kann man seine Lieblingskosmetik abfüllen, statt immer wieder Produkte in Reisegröße zu kaufen. In die Dosen, die sich magnetisch miteinander verbinden, passen jeweils ca. 16 Milliliter Creme. Angeboten werden sie in den Farben Grün, Gelb, Sand, Lavendel, Blau, Rosa, Terracotta und Schwarz.

6er-Set ca. 71 Euro
keepyourcadence.com

Bügeln für ganz Eilige

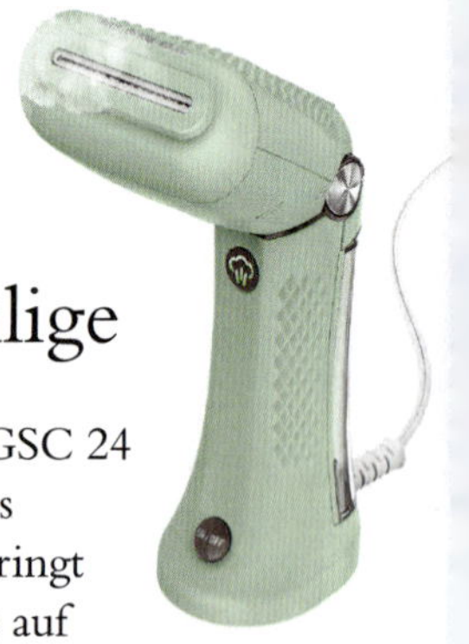

Der Dampfglätter GSC 24 von Conair passt ins Handgepäck und bringt verknitterte Outfits auf Reisen schnell wieder in Form. Zwei Pluspunkte: Der salbeigrüne Mini-Dampfer ist knapp 760 Gramm leicht und tötet auch geruchserzeugende Bakterien ab.

Ca. 47 Euro, www.conair.com

EXPEDITION
CRUISES
ANTARKTIS
MEHR ALS EIS
KLEINE SCHIFFE FÜR GROSSE ABENTEUER
Willkommen in der Welt der Pinguine.
Erleben Sie die Antarktis intensiv mit der neuen Expeditionsklasse und nie mehr als 199 Gästen an Bord.
www.hl-cruises.de/merian
JETZT INFORMIEREN
UND BUCHEN:
HAPAG 18 91 LLOYD
CRUISES

Fukuokas neue Perle

Die japanische Stadt Fukuoka gilt als kulinarisches Zentrum der Insel Kyushu im Süden des Landes. Im Juni 2023 hat in der noch kaum bekannten Start-up-Metropole das „The Ritz-Carlton, Fukuoka" eröffnet. Es befindet sich in den obersten Etagen des 111 Meter hohen Hauptturms der Fukuoka Daimyo Garden City, einem neuen, zentral gelegenen Geschäftskomplex. 167 großzügige, zurückhaltend gestaltete Zimmer und Suiten stehen zur Wahl. Die Gäste blicken – wie auch vom Pool im Spa auf der 24. Etage (Foto links) – durch hohe Fenster weit über die Stadt, sogar von der Badewanne aus. Mehrere Restaurants und Bars sorgen für gastronomische Vielfalt. Das Angebot reicht von Grillgerichten und Cocktails bis zu einem Kaiseki-Dinner im „Genjyu" (Foto oben) und den hochwertigen Grüntees, für die Kyushu bekannt ist.

www.ritzcarlton.com/fukuoka

LOBBY

Hirotaka Nakashima ist auf der Insel Kyushu aufgewachsen. Er arbeitet im neuen „The Ritz-Carlton, Fukuoka" als Souschef des Restaurants „Genjyu"

MERIAN **Was sollte man in der Stadt Fukuoka nicht verpassen?**

HIROTAKA NAKASHIMA Das Nachtleben mit den vielen Yatai-Ständen. Das sind provisorische Imbisse, die abends aufgebaut werden und oft länger als die Restaurants geöffnet bleiben. Viele tingeln von einem Stand zum nächsten und essen jeweils ein, zwei Gerichte. Das Angebot reicht von Ramen über Gerichte mit Kabeljaurogen bis zur französischen Küche.

Welches Restaurant außerhalb des Hotels wäre Ihre erste Wahl?

Ich empfehle das „Tanakada" (www.tanakada.net). Das ist eigentlich ein Izakaya, eine japanische Kneipe – aber die wohl exklusivste in Japan. Man nennt sie auch „Kaufhaus des Essens", weil hier aus den besten Produkten, welche die Saison hergibt, die köstlichsten Gerichte zubereitet werden.

Was macht die Insel Kyushu besonders?

Es ist die Vielfalt: In jeder Präfektur kann man etwas komplett anderes erleben. Saga hat eine große Keramik-Tradition, in Kumamoto gibt es einen riesigen aktiven Vulkan, in Miyazaki gedeihen durch das milde Klima köstliche Früchte, und es wird Shochu gebrannt, eine beliebte Spirituose, die bestens zur lokalen Küche passt. Kagoshima wiederum begeistert durch viel unberührte Natur, etwa im Nationalpark auf der kleinen Insel Yakujima.

Wann ist die beste Zeit für einen Besuch?

Kyushu hat in jeder Jahreszeit etwas zu bieten. Ein Highlight im Winter sind etwa die Onsen, die heißen Quellen. Besonders von solchen Thermalquellen geprägt ist Beppu in der Präfektur Oita. Überall in der Stadt steigen dort Dampfschwaden auf, und auf einer Tour zu den „Sieben Höllen" (Jigoku Meguri) erlebt man Quellbecken in verschiedenen Farben.

FOTOS: MARRIOTT INTERNATIONAL (4), VOLKER RENNER

Von Merian getestet

Tees aus Paris, Macarons aus Zürich: Im Salon des „Grace La Margna" herrscht eine genüsslich-entspannte Atmosphäre

Frischer Wind im Engadin

Neueröffnung im Fokus

Jonas Morgenthaler über das Hotel »Grace La Margna« in St. Moritz

Wer stilecht anreisen will, nimmt den Zug – und hält am Ziel direkt unterhalb der lange erwarteten Neueröffnung. Herzstück ist ein bis 1907 errichteter Hotelbau, der Elemente des Jugendstils mit Eigenarten eines Engadinerhauses verbindet. Für rund 70 Millionen Schweizer Franken wurde er renoviert und ergänzt. Seit diesem Sommer bringt das „Grace La Margna" nun frischen Wind nach St. Moritz, als einziges der sechs Fünf-Sterne-Hotels im Ort 365 Tage im Jahr. Die neue Konkurrenz zu Klassikern wie dem „Kulm" setzt auf ungezwungenen Luxus und urbanen Lifestyle: Das junge, internationale Team ist leger gekleidet, im Restaurant „The View" läuft Funk.
Eine frische, beige-braun-bronzene Eleganz prägt die 74 hochwertig ausgestatteten Zimmer und Suiten. Im historischen Flügel (Fotos unten) finden Gäste alpine Gemütlichkeit, während die Zimmer im Neubau durch bodentiefe Fenster eher die Aussicht auf See und Berge zelebrieren. Im Neubau befindet sich auch das schicke Spa mit Pool. Höhepunkt im Haus aber sind der Salon und die schon jetzt beliebte Bar im Altbau. Dort hat das Team von Divercity Architects restaurierte Originalelemente wie Holzpaneele, Leuchten und Ornamente gekonnt in zeitgemäßes Design integriert.
Kurz nach der Eröffnung war noch nicht alles perfekt eingespielt. Einmal lief ein Anruf an die Rezeption ins Leere, der Service im Restaurant war teils etwas unkoordiniert. Insgesamt ist das Flaggschiff der jungen Hotelmarke „Grace" aber auf Kurs – und mit seiner elegant-lockeren Atmosphäre eine Bereicherung für St. Moritz.

●●●●

St. Moritz, Via Serlas 5, www.gracehotels.com

Tokio

Trunks dritter Streich

Ein auf Socializing fokussiertes Boutiquehotel mit Gemeinschaftsraum, ein historisches Haus, in dem früher Geishas sangen: Die junge japanische Marke „Trunk" setzt in Tokios Hotellerie starke Akzente. Auch beim dritten Haus, dem Anfang September eröffneten „Trunk Hotel Yoyogi Park", ist das so. Hingucker ist diesmal die schicke Rooftop-Lounge mit Bar und Infinitypool. Wie aus vielen der 25 Zimmer geht der Blick über das Grün des Yoyogi-Parks – ein wunderbarer Ort, um sich vom Trubel der Metropole zu erholen.

www.trunk-hotel.com

Portugal

Kunst am Strand

Tatsächlich *artsy* ist das neue 19-Zimmer-Boutiquehotel „Artsy Cascais" in der Küstenstadt Cascais westlich von Lissabon: Es besteht aus einer historischen Villa und einem Neubau, den der portugiesische Künstler Vhils mit einer netzartigen Steinfassade überzogen hat. Sie gibt den Zimmern darin eine besondere Lichtstimmung. Klassischer sind die Suiten im Altbau, ein legerer Treffpunkt ist die Rooftop-Bar mit Pool.

www.artsycascais.com

FOTOS: BARCELÓ HOTEL GROUP (2), MATILDE ESPIRITO SANTO

Garantiert ruckelfrei: Ambitionierte Küche bietet das Hotel „Canfranc Estación" in zwei umgestalteten Speisewagen

Vom Lost Place zum Luxushotel: das rund 240 Meter lange Bahnhofsgebäude

Pyrenäen

Bahnhof de luxe

Über Jahrzehnte war der 1928 eröffnete Bahnhof Canfranc ein Lost Place, ein verlassenes Gebäude von absurder Größe inmitten der aragonesischen Pyrenäen. Jetzt aber erlebt der Bau an der Grenze zwischen Frankreich und Spanien ein Comeback als Fünf-Sterne-Hotel „Canfranc Estación". Im Erdgeschoss hat die „Barceló"-Kette ein Spa mit Pool eingerichtet, darüber 104 Zimmer mit nostalgischem Touch und Bergblick. Die luftige Bahnhofshalle hat eine ähnliche Funktion wie einst: Sie dient als Lobby.

www.barcelo.com

Burgund

In bester Grand-Cru-Lage

Mitten im Winzerdorf Puligny-Montrachet hat die Hotelgruppe „Como" ein feines Boutiquehotel mit 30 Zimmern eröffnet. Gäste des „Como Le Montrachet" genießen das Burgund umgeben von besten Weinlagen in einem Anwesen von 1842. Die Mailänder Designerin Paola Navone hat darin starke Akzente gesetzt. So zitiert im Restaurant eine Wand aus Zweigen die regionale Tradition des Korbflechtens. In den Zimmern (Foto rechts) gibt *Toile de Jouy* den Ton an, mit Motiven bedrucktes Gewebe, wie es im 18. Jahrhundert in Frankreich in Mode war.

www.comohotels.com/burgundy

Kulinarische Highlights aus

DER FEINSCHMECKER

MENÜ

FOTOS: ENRICO MARX, DANIEL GERTEISER (2), SILVIA SIRPRESI/COURTESY OF PAOLA C.

Der Geist der Traube

Grappa ist wieder im Kommen – zumindest wenn er von bester Qualität ist. Aus diesem Grund hat „Der Feinschmecker" kürzlich in einer Blindverkostung 31 Tresterbrände getestet, sowohl aus dem Supermarkt als auch von namhaften Destillerien. Gewonnen hat der Grappa „Casalferro" von Barone Ricasoli, einem der weltweit ältesten Weingüter. Das Destillat auf Basis von Merlot-Trester empfand die Jury als feinfruchtig, vollmundig und sehr weich.

www.ricasoli.com

KOCH DES JAHRES

Shootingstar am Schluchsee

Bei den Gastro-Awards hat „Der Feinschmecker" Niclas Nussbaumer zum Koch des Jahres gewählt. Seit Frühjahr 2021 ist er Küchenchef im puristisch gestalteten Restaurant der „Mühle Schluchsee", einer zum Boutiquehotel umgestalteten Mühle von 1603 nahe dem namensgebenden See im Südschwarzwald. Die jedes Jahr an eine Köchin oder einen Koch in Deutschland verliehene Auszeichnung geht damit an „eines der größten Talente der jungen Generation". Vom Einstieg mit einem Champignon-Törtchen mit Lauchstroh (unten links) bis zum Windbeutel mit Kaffee-Chantilly am Schluss (unten rechts) überzeugt Niclas Nussbaumer mit einer mitreißenden Küche, die von der französischen Klassik, aber auch von japanischen Aromen und viel Umami geprägt ist. „Ein spannender Mix, den man bereits Handschrift nennen kann, obwohl Nussbaumer mit seinen 30 Jahren noch viel Zeit hat", urteilt „Der Feinschmecker". Da bleibt nur eins: Hingehen!

Schluchsee, Unterer Mühlenweg 13
www.muehle-schluchsee.de

Alle Mailand-Tipps auf einer kuratierten Karte bei Google Maps

Il Luogo Aimo e Nadia

Ein innovatives Koch-Duo widmet sich hier dem reichen Erbe der italienischen Küche. Ein weiteres Highlight ist der stilvolle Speisesaal mit Midcentury-Möbeln (links).

●●●● **www.illuogoaimoenadia.com**

Genussvoll durch... **Mailand**

Möbelmesse, Fashion Week – es gibt immer gute Gründe für einen Kurztrip in die italienische Metropole. Wir legen noch fünf obendrauf

Portrait Milano

Das 73-Zimmer-Hotel befindet sich in einem ehemaligen Priesterseminar aus dem 16. Jahrhundert. Allein schon der bisher unzugängliche Innenhof ist einen Besuch wert.

●●●●◐ **www.lungarnocollection.com**

Spazio Niko Romito

In dem Speiselokal mit Dom-Blick in der berühmten Galleria Vittorio Emanuele II interpretieren Absolventen der Kochschule von Niko Romito Gerichte aus dessen Gourmet-Restaurant in den Abruzzen.

●◐ **https://milano. spazionikoromito.com**

Paola C.

Die Galerie bietet in einem idyllischen Hinterhof originelles Geschirr und weitere Objekte aus Glas, Metall oder Keramik von international renommierten Designern.

www.paolac.com

Rigolo

In der traditionsreichen Trattoria von Vilma Simoncini bereitet Koch Giovanni Tavolaro Klassiker wie Ossobuco zu und richtet Teller mit Jakobsmuscheln und Gemüse an (unten).

●● **www.ristoranterigolo.it**

●◐ Von Merian getestet ●◐ Von „Der Feinschmecker" getestet (s. S. 3)

Balsam für die Küche

„Der Feinschmecker" hat den „Aceto Balsamico di Modena IGP Biologico" zum besten Balsamessig gekürt und empfiehlt: Pur auf Eiscreme genießen! **www.acetaialeonardi.it**

FOTOS: ALEX MOLING (2)

Drinks fürs große Menü

Weinbegleitung? Das machen doch alle. Im Berliner „Bonvivant" kreiert Barchef Elias Heintz nicht nur aufregende Cocktails, zum Beispiel mit Pfirsich, Tequila, Verjus und dem tropischen Süßgras Vetiver (Foto). Er mischt zu den Gängen des vegetarischen Menüs von Küchenchef Nikodemus Berger auch passende Drinks. Zum Sellerie mit Holzkohlebutter gibt es etwa Mezcal mit Wildkräutern. Cheers!

Berlin, Goltzstr. 32, www.bonvivant.berlin

Lauch mit Buttermilch, ein Gericht von Norbert Niederkofler

Berge voller Geschmack

Der Spitzenkoch Norbert Niederkofler ist ein Star in Südtirol. Er gibt der alpinen Küche immer wieder neue Impulse – jetzt aus Bruneck, weil sein hochdekoriertes Restaurant „St. Hubertus" in St. Kassian wegen Umbau geschlossen ist. Neues Basislager für seine innovative Bergküche ist die ehemalige Direktorenvilla der Tuchfabrik Moessmer, die durch einen vollverglasten Anbau ergänzt wurde. Im „Atelier Moessmer" setzt Niederkoflers Team in Neun-Gang-Menüs – wie gewohnt auf höchstem Niveau – in Szene, was die Umgebung an Zutaten und Produkten zu bieten hat.

●●●●● Bruneck, Walther-von-der-Vogelweide-Str. 17
www.ateliernorbertniederkofler.com

1

Wien

Sachertorte und Gugelhupf verführen in Wien zum süßen Genuss. Und ein Besuch auf dem traditionellen Weihnachtsmarkt gehört natürlich auch dazu.

Wien – süßer Genuss mit mondänem Flair

In der österreichischen Hauptstadt Wien gibt es tatsächlich Weinberge und deshalb sind die „Heurigen", bei denen junger, regionaler Wein ausgeschenkt wird, auf jeden Fall einen Besuch wert. Empfehlenswert sind *Weinbau Buschenschank Obermann*, *Weinhandwerk – Wild essen, fein trinken* und *Kierlinger*. Eine Institution in Wien ist zudem die traditionelle Kaffeehaus-Kultur. Kein Wien-Besuch ist wirklich komplett ohne den Besuch von Kaffeehäusern wie dem *Cafe Hawelka* in der Nähe des Stephansplatzes, bekannt für seine Buchteln, eine mit Marmelade gefüllte Hefeteig-Köstlichkeit, oder das *Cafe Central*, wo dezente Klaviermusik die Aura untermalt. Hier wird der berühmte Apfelstrudel serviert, ein Klassiker unter den Süßspeisen. Ähnlich wie die berühmten Kaffeehäuser sind auch die Wiener Märkte Stätten der Begegnung. Am *Naschmarkt* z.B. findet samstags zudem ein Flohmarkt statt, der inzwischen Kult-Status genießt. Direkt am Rathaus findet sich zur Winterzeit zudem der bekannte Wiener Christkindlmarkt. Dort wird von Herzhaft bis Süß alles geboten, was das Genießerherz begehrt. Und zum Schluss – mondäner geht's kaum – eine Elektro-Oldtimer-Fahrt durch die historische Innenstadt, bei der Ihr Fahrer Sie mit Anekdoten unterhält.

Hoteltipps in Wien: günstig buchen bei TUI

Hotel Stefanie 4*
Bestseller, ältestes Hotel in Wien mit charmantem gemütlichem Wohlfühl-Ambiente, direkt am historischen Stadtzentrum, nur wenige Minuten vom Stephansdom, Green & Fair Label.

Hotel Beethoven Wien 4*
Elegantes Gebäude im Neorenaissancestil gegenüber dem berühmten Papagenotor des Theaters an der Wien, nur wenige Gehminuten vom Naschmarkt und Karlsplatz.

Buchen Sie in Ihrem Reisebüro oder auf www.tui.com/staedtereisen

Sachertorte oder Pasteis de Nata

Mit TUI Städtereisen entdecken Sie die Welt des Reisens, von Flugbuchungen bis zu zusätzlichen Highlights für jeden Städtetrip. Mit City-Erlebnissen, TOP Hotels und den besten Spots für Kunst, Kultur, Shopping, Food und vielem mehr.

2

Lissabon

Die Straßenbahn Linie 28E gehört zu Lissabons beliebtesten Fotomotiven und eine Fahrt mit der Tram, sowie der Genuss der herrlich süßen Pastéis de Nata ist ein Muss für jeden Lissabon-Trip.

Die kulinarische Vielfalt Portugals kennenlernen

„Uma Bica, faz favor" ist einer der wichtigsten Sätze in Lissabon. Denn die Menschen hier sind verrückt nach Kaffee, den sie *Café* oder *Bica* nennen. Außerdem passt die Kaffee-Tradition wunderbar zum Genuss der süßen Pudding-Blätterteig-Törtchen wie der *Pasteis de Belém* (oder auch *Pasteis de Nata*). Eine vielfältige Auswahl typischer Gerichte sind im *Time Out Market Lisboa* zu genießen. Der *Mercado da Ribeira*, in dem sich der *Time Out Market Lisboa* befindet, ist einer der lebhaftesten und kulinarischsten Orte in Lissabon. Probieren sollten Sie hier in einem der zahlreichen Restaurants einen *Bacalhau* (Stockfisch), von dem man sagt, es gäbe 365 verschiedene Arten der Zubereitung. Gegrillter Fisch und besonders gegrillte Sardinen (*Sardinhas assadas*) kommen auch gerne und viel auf den Tisch. Ebenfalls weit verbreitet ist das gegrillte Hühnchen (*Frango assado*). Wer es scharf mag, bestellt es „piripiri". Zum Time Out Market gelangt man mit einer der gelben Straßenbahnen der Linie 28E. Die Fahrt mit der gelben Tram ist etwas ganz besonderes, denn sie schlängelt sich nahezu durch alle Altstadtviertel, vorbei am *Praça do Comércio* mit seinem prächtigen Triumphbogen oder der großen Kathedrale von Lissabon. Ein Stopp lohnt sich am *Largo Portas do Sol*, dem schönsten Aussichtspunkt Lissabons, mit Blick über die Dächer der Altstadt Alfama.

Hoteltipps Lissabon: günstig buchen bei TUI

Jupiter Lisboa Standard 4*
Bestseller, historisches Haus mit moderner stylisher Einrichtung, Infinity Rooftop Pool, per Metro schnell ins Stadtzentrum, Green & Fair Label.

Turim Saldanha 4*
In zentraler Lage nahe Parque Eduardo VII, nur ca. 15 Min zu Fuß zu diversen Museen, viele Sehenswürdigkeiten gut erreichbar.

Buchen Sie in Ihrem Reisebüro oder auf www.tui.com/ staedtereisen

TUI

CITY LIGHTS
KOPENHAGEN

Noch läuft das Programm der Architektur-Hauptstadt 2023 mit Ausstellungen und Führungen – perfekt kombinierbar mit einem Shopping-Trip vor Weihnachten

Nation der Baumeister

Es kann kein Zufall sein, dass der Erfinder der Lego-Bausteine ein Däne war. Kopenhagen, noch bis Ende des Jahres UNESCO-Welthauptstadt der Architektur, zeigt in vielen Vierteln, wie viel Fantasie und Mut für unkonventionelle Entwürfe die Dänen haben. Einer der jüngsten Neubauten ist der runde, 60 Meter hohe Büroturm Tip of Nordø der Architekten von Cobe, Vilhelm Lauritzen Arkitekter und Tredje Natur an der Spitze des neuen Stadtviertels am Nordhafen, der 2024 eröffnet wird. Zu den Klassikern gehören inzwischen Olafur Eliassons *Cirkelbroen,* die Axel Towers von Lene Tranberg und Bjarke Ingels' begrünte Müllverbrennungsanlage Copenhill. Deren Dach ist eine

Die *Cirkelbroen* führt über den Christianshavns-Kanal. Die Brücke für Fußgänger und Radfahrer lässt sich öffnen, damit auch höhere Boote passieren können

Kurvenreiches Kopenhagen: Piste auf Copenhill (o.), die geschwungenen Axel Towers (l.) und der runde Tip of Nordø (u.)

FOTOS: ASTRIDKBH, DANIEL RASMUSSEN/COPENHAGEN MEDIA CENTER, FRANCISCO TIRADO

grüne Ganzjahrespiste für Skifahrer und Rutschpartien auf Gummireifen (Tickets: www.copenhill.dk). Diese und viele weitere Bau-Ikonen liegen auf den geführten Touren, die etwa das Dänische Architekturzentrum (DAC) organisiert. Die Tour „Welthauptstadt der Architektur" oder die durch das junge Viertel Ørestad sind auch noch 2024 buchbar, auch die Ausstellung „So Danish!" im DAC läuft weiter. Sie erklärt mit Modellen ikonischer Gebäude und mit Videos die Entwicklung dänischer Bau- und Wohnkultur von der Wikingerzeit bis heute. Und um noch mal auf Lego zurückzukommen: Das DAC bietet am Wochenende und in den Ferien Workshops für Familien an, um fantastische Städte der Zukunft aus den bunten Steinen zu entwerfen. **www.dac.dk, www.arkitekturhovedstad.kk.dk**

Formschön

Design-Expertin **Maja Regild** (@majaregildinteriors) lebt in Kopenhagen und verrät hier und auf den nächsten Seiten ihre Lieblingsadressen

1 Finn Juhl

Organisch geformt, elegant und gemütlich: Nach den Entwürfen des Möbeldesigners Finn Juhl (1912-1989) wird noch heute produziert. Zu Lebzeiten gestaltete er unter anderem einen Sitzungssaal der UN. Klassiker wie das Sofa „Poet" (Foto) sind im Showroom des Finn-Juhl-Hauses ausgestellt. Möbel von Juhl führt unter anderem Vestergaard Møbler in Christiania.

Showroom: Gothersgade 9, www.finnjuhl.com
Vestergaard Møbler: Torvegade 55-57
www.vester-moebler.dk

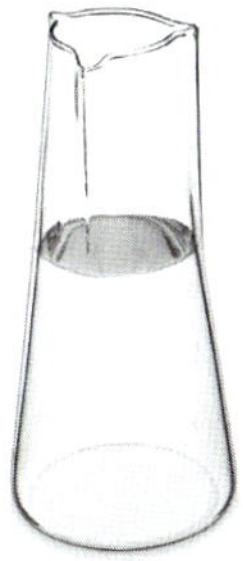

3 Frama

Allein wegen der fast poetischen Raumgestaltung empfehle ich einen Besuch bei Frama. Vor allem liebe ich die handgemachte Keramik wie die von Otto (Foto rechts) und die Serie mit mundgeblasenen Gläsern. Hinterher das Café „Apotek 57" besuchen!

Fredericiagade 57
www.framacph.com

2 Tadaima

Geschirr wie die Karaffe von Christian Metzner, formschöne Lampen wie die Bauhaus-Leuchte von Tecnolumen: Der Conceptstore Tadaima ist mit seinem Mix aus Design, Kunst, Accessoires und Mode perfekt kuratiert. Einfach traumhaft!

Toldbodgade 53, www.tadaimacph.com

Viel mehr als ein Möbelgeschäft: Frama im Viertel Indre By

4 Lubarol

Neben zeitloser Mode (Foto: Lotus-Kleid von Ficus Folium) bekommt man hier Schmuck und Wohnaccessoires wie diese Vase von Akua Objects. Der Markenmix verströmt viel Chic und lässt mich von einem Sommertag an der Südküste Frankreichs träumen.

Gothersgade 28, https://lubarol.com

5 Henrik Vibskov

Er gehört zu den skandinavischen Modedesignern, die auf der Pariser Fashion Week vertreten sind (hier sein Tabasco-Mantel). Anprobieren kann man seine Kollektionen, die in Museen weltweit gezeigt werden, in seiner Boutique in Kopenhagens Zentrum.

Gammel Mønt 14, www.henrikvibskovboutique.com

Diese und weitere Tipps aus Kopenhagen auf **merian.de**

Alle Kopenhagen-Tipps auf einer kuratierten Karte bei Google Maps

Restaurants

Asiatische Küche ist in der dänischen Hauptstadt ein Megatrend. Dies sind unsere Favoriten:

Koan
Im April 2023 hat dieses elegant eingerichtete Zwei-Sterne-Restaurant an der Hafenpromenade eröffnet. Küchenchef Kristian Baumann wurde in Südkorea geboren und ist in Dänemark aufgewachsen. Für seine 17 Gänge umfassenden Degustationsmenüs kombiniert er koreanische Kochkunst mit lokalen Zutaten bester Qualität. ●●●◐
Langeliniekaj 5
www.koancph.dk

Kona
Man merkt, dass der Österreicher Philipp Inreiter auch in einem der besten Restaurants in Tokio gelernt hat, dem „RyuGin“. Doch trotz aller Präzision in der Küche genießen die Gäste die von Gemüse und Fisch geprägten Gerichte wie Dashi mit Langusten-Dumpling, Meerrettichöl und Wasabiblüten in zwangloser Atmosphäre. Wer Ramen mag, bekommt in Inreiters „Slurp Ramen Joint“ im Viertel Indre By die wahrscheinlich besten der Stadt. Seit Januar kann man die Suppen aber auch am Tresen im „Kona“ im Carlsberg-Quartier schlürfen.
Bag Elefanterne 15
www.konacph.com

Jatak
René Redzepi, Gründer des legendären „Noma“, empfahl gleich nach der Eröffnung dieses kantonesisch und vietnamesisch inspirierten Restaurants im Januar 2022: „Reserviert am besten schon jetzt, dieser Ort wird durch die Decke gehen.“ Trotzdem hat sich das im geschäftigen Nørrebro gelegene Lokal seine intime Atmosphäre bewahrt: Im Gastraum gibt es Platz für acht Tische. Am Küchentresen, wo maximal acht Personen sitzen, wird das saisonale Menü vor den Augen der Gäste zubereitet.
Rantzausgade 39
www.jatakcph.com

ARK
Küchenchef Brett Lavender hat in den besten Restaurants Australiens, Neuseelands und Japans gearbeitet und jetzt einen anderen Luxus für sich entdeckt: nachhaltiges und pflanzenbasiertes Fine Dining, was ihm den grünen Michelin-Stern und weitere Innovations-Auszeichnungen einbrachte. Gerichte wie den mit Mirin und Sake glasierten Austernpilz kreieren er und sein Team aus lokalen und saisonalen Zutaten, teils aus eigenem Anbau. ●●◐
Nørre Farimagsgade 63
www.restaurantark.dk

Gegrillter Hummer mit Sojasauce im Restaurant „Koan“

Hotels

Grand Joanne
Die Zimmer des frisch renovierten Vier-Sterne-Hauses strahlen viel Wärme und Eleganz aus – dank eines gelungenen Design-Mixes aus Grandezza und nordischer Schlichtheit. Von der Dachterrasse hat man einen herrlichen Blick über den quirligen Stadtteil Vesterbro.
Vesterbrogade 9A
www.grandjoanne.dk

Hotel Kong Arthur
Nur etwa 15 Minuten zu Fuß von Schloss Rosenborg und fünf Gehminuten vom Restaurant „ARK“ (s. links) entfernt liegt dieses 1882 errichtete Hotel. Neben 214 geschmackvoll gestalteten, hellen Zimmern und einer gemütlichen Lobby hat es einen großzügigen Spa-Bereich. ●●◐
Nørre Søgade 11
www.arthurhotels.com

FOTOS: SEBASTIAN THORSTED, NEVE QARADAY, 2022 NETFLIX, INC., JACOB JOERGENSEN/JJ FILM, CHRISTIAN GEISNAS/2022 NETFLIX, INC.

●◐ Von Merian getestet ●◐ Von „Der Feinschmecker“ getestet (s. S. 3)

Netflix-Drama „Ehrengard": Alice Bier Zandén spielt eine Titelrolle

CITY LIGHTS
KOPENHAGEN

Königliche Kunst

Viele halten Margrethe II. für die lässigste Vertreterin der europäischen Monarchien. Kreativ ist sie obendrein: Museen von Zürich bis Tokio haben bereits Gemälde der dänischen Königin gezeigt. Auch Kostüme und Filmsets gestaltet die 83-Jährige, zuletzt für das gerade gestartete Netflix-Drama „Ehrengard" des Regisseurs und Oscar-preisträgers Bille August nach dem gleichnamigen Roman der Autorin Karen Blixen. Im Karen Blixen Museum in Rungsted nahe Kopenhagen läuft noch bis zum 30. April 2024 eine Ausstellung mit Skizzen zum Set-Design und zu Kostümen, die Margrethe II. gestaltet hat (www.blixen.dk). Auch das Statens Museum for Kunst und das Museum KØS besitzen Werke der Königin, allerdings sind sie nicht immer ausgestellt. Online kann man sich das Œuvre der Königin aber jederzeit ansehen: **www.kongehuset.dk**

Königin Margrethe II. und Regisseur Bille August sprechen über das Set-Design des Films

In weiteren Hauptrollen: Mikkel Boe Følsgaard und Sidse Babett Knudsen (bekannt aus der Serie „Borgen")

DIE REISE MEINES LEBENS

Amerikas Wilder Westen und die Sehnsucht nach Freiheit

Die Schauspielerin **Marie Bäumer** („3 Tage in Quiberon“) verbringt sehr viel Zeit draußen, umgeben von Pferden. Dass sie so und nicht anders leben möchte, liegt an einer USA-Reise, die wegweisend für sie war

Ob ich durch den Westen der USA reisen wolle, mit dem Pferd, sechs Wochen lang. Als der Regisseur Wolf Truchsess von Wetzhausen mich das vor einigen Jahren fragte, war meine sofortige Antwort: Kann mein Sohn mit? Und wann geht es los? Mein Sohn, damals Teenager, durfte mit, so eine Reise ohne ihn zu unternehmen, hätte mich unglücklich gemacht.

Die Idee hinter der Doku-Serie war, den Menschen heute den Wilden Westen der USA näherzubringen, einmal von der Grenze zu Mexiko bis fast nach Kanada zu reiten, von der Miller-Ranch in Arizona nach Montana, durch New Mexico, Utah, Wyoming, Nebraska und South Dakota. Auf der Ranch traf ich zum ersten Mal Hawk, meinen Begleiter, der schon viel durch Amerika geritten war. Rick Hurst, genannt Hawk, ist ein absoluter Naturmensch und den Native Americans sehr nahe. Er näht sich seine Kleidung selbst und hat mir beigebracht, wie man Feuer macht und Werkzeuge baut. In unserer Begeisterung, Abenteuerlust und Verspieltheit waren wir uns schnell sehr nahe.

Und dann hat sich vor uns so eine Weite, so eine Freiheit aufgetan, es war atemberaubend. Wir sind durch unglaubliche Landschaften geritten! Tief beeindruckend war die weiße Wüste, das White Sands National Monument in New Mexico. Sie besteht aus feinkörnigem Gipssand und hat eine magische Schönheit. Es ist sehr heiß dort, aber man reitet wie durch Schnee, alles um einen herum ist komplett weiß. Der Sand ist sehr fein, und die Dünen sind immens, es ist das größte Gips-Dünenfeld der Welt. Heute ist das erschlossenes Gebiet, ein Nationalpark, der besichtigt wird – aber auch gefährlich sein kann. Kurz nachdem wir durchgeritten sind, ist ein Ehepaar aus Frankreich dort verdurstet. Es war erschreckend, das zu hören, nach unserer irren Reise.

Wir hatten viele grandiose Momente, in Cody, der von Buffalo Bill gegründeten Stadt, sind wir in den Saloon geritten – das war lustig, sozusagen Film im Film. In Nebraska war ich das erste Mal am Nationalfeiertag bei einem Rodeo, mit Pferden und Bullen, da herrschte eine intensive Stimmung. In Montana haben wir auch mal draußen geschlafen und nachts Bären gehört. Die hatten gerade Paarungszeit. Mein Sohn war einmal etwas länger alleine unterwegs, da war es mir schon ziemlich mulmig zumute. Im Ohr geblieben ist mir auch eine Klapperschlange, ich dachte erst, das wären Grillen, die zirpen. Sie schlängelte sich in einer Bahnschiene, über die wir mit den Pferden geritten sind. Was hatten wir für ein Glück, dass die Pferde das nicht mitbekommen haben!

Von allen Gegenden hat mich Utah am meisten beeindruckt, die Landschaft ist so archaisch und erhaben. Und die Formationen der Natur sind so besonders – vor allem im Monument Valley. Die Tafelberge aus rotem Stein dort heißen *mesas*. Nach ihnen haben wir mein Pferd, einen schwarzen Missouri Foxtrotter, „Mesa Loma“ genannt.

Für den Regisseur war unsere Reise die Drehzeit zu seinem Fünfteiler „Zwei im Wilden Westen“, für mich war sie wegweisend, sie hat viel verändert in meinem Leben. Aber solche Dinge versteht man ja oft erst ein bisschen später. Ich bin nach Hause gekommen und wusste: Ich will dieses Freiheitsgefühl nicht mehr aufgeben, und ich will nicht mehr ohne Pferde leben. Westernsattel, Felle, alles mögliche Zeug für Pferde hatte ich schon mitgebracht – erstaunlich, dass ich damit durch den Zoll gekommen bin. Ein Jahr später hatte ich bei mir in Frankreich, in der Nähe von Avignon, mein erstes eigenes Pferd. Ich habe mir die Freiheit dorthin geholt.

»Der größte Luxus auf Reisen

ist für mich: extrem gutes Essen, draußen schlafen – oder in einem wunderbaren Bett mit sinnlicher Bettwäsche«

Und vor fünf Jahren habe ich die Escapade gestartet. Im Sinne des „Aufbruchs in die persönliche Freiheit“ biete ich Persönlichkeitsentwicklung mit Pferden an, arbeite mit Hengsten, ein bisschen nach dem Prinzip von Pippi Langstrumpf: „Ich mach mir die Welt, wie sie mir gefällt.“ So biete ich anderen quasi eine Reise zu sich selbst an – in der Provence und bald auch in Portugal, nördlich von Lissabon. Da habe ich im Frühjahr 2023 einen Monat verbracht, auf einem sehr schönen Hof, bei Abenteurern, die auch schon viel mit ihren Pferden unterwegs waren.

In den Wilden Westen bin ich ein paar Jahre später nochmal zurückgekehrt und habe auch Hawk wiedergetroffen. Und das schwarze Pferd. Es hatte in einer großen Herde einen wunderbaren Platz gefunden. Es hat mich wiedererkannt, das war schön, wie mit einem alten Freund, mit dem man unglaublich viel erlebt hat. Als Hawk hörte, dass ich nun mit Pferden lebe, waren wir uns einig, dass das die beste Konsequenz aus dieser unfassbaren Tour ist. ❖

Mehr über Marie Bäumer und ihre „Escapade“ in ihrem Buch „Escapade“ (Gräfe und Unzer, 2019, 200 Seiten) und unter www.atelierescapade.com

FOTO: SEBASTIEN MANIGAUD

Typisch Malediven: Hotel-Inseln mit Holzstegen, angeflogen von kleinen Propellermaschinen

TRAUM
INSELN

MALEDIVEN

Land mit Tiefgang

Mitten im Indischen Ozean auf den Malediven zu landen, ist wie in eine Fototapete gebeamt zu werden. Doch bei aller Perfektheit: Der wahre Zauber dieser Inselgruppe liegt unter der Wasseroberfläche

VON ANTONIA AUST

FOTO: ICEMANPHOTOS/ADOBESTOCK

Exklusivität garantiert: Auf vielen der kleinen Inseln steht nur ein einziges Hotel

Leicht schaukelnd verlässt das schwimmende Flugzeug die Anlegebucht im Hafen. Der Pilot in kurzen Uniformhosen tritt barfuß auf die Pedale, ein kleiner Ventilator fächert den zwölf Passagieren Luft zu. Dann drückt der Pilot die Gashebel nach vorne, Wasser spritzt auf und die „Twin Otter" hebt ab.

Eine endlos wirkende, tiefgründig blaue Fläche aus Wasser eröffnet sich unter uns, gesprenkelt mit helleren Flecken und Ringen, manche mit strahlend weißen Sandstränden, andere schmückt ein Hauch von Grün. Die Malediven von oben, eine Ahnung von Land, ein Land aus Wasser.

Mit erfrischenden Handtüchern und eiskalten Ananas-Drinks begrüßen uns rund eine Stunde später die Resort-Mitarbeiter auf dem hauseigenen Flugzeuganleger im Fünf-Sterne-Resort „Constance Halaveli" im Nord Ari Atoll, einer der hellen Tupfer, eine der 1192 Inseln, aus denen die Landmasse der Malediven besteht. Mehr geht nicht, weniger geht auch nicht, die Insel misst in der Länge nur etwa 400 Meter. Das Resort ist umgeben von nichts als Wasser und Ruhe – und hat ➢

FOTO: CONSTANCE

Mehr geht nicht, weniger aber auch nicht: Die kleine Insel des Resorts „Constance Halaveli“ lässt sich locker zu Fuß umrunden

FOTOS: JAYSUN SAAIF (3), ADOBESTOCK, CONSTANCE

Walhaie, Feldwebelfische und Meeresschildkröten bewohnen den Indischen Ozean. Menschen sind nur zu Gast

exakt alles, um einen Urlaubstraum zu erfüllen: eine eigene kleine Insel, einen langen weißen Strand, Palmen, Hängematten, die über seichtem Wasser baumeln, vier Restaurants, einen Wine Cellar, einen verzweigten Holzsteg, der wie ein Baum ins Meer wächst, an dessen Ästen sich luxuriöse Holzhütten aufreihen, ein Spa, wo ich von der Massageliege das Geschehen im Korallenriff beobachten kann. Die ultimative Entschleunigung, solange wir auf unserem winzigen Landflecken bleiben.

Aber 99 Prozent der Malediven – ihr Name bedeutet „Inselkette" – bestehen aus Wasser. Ihre Fläche, um die 90 000 Quadratkilometer, ist fast so groß wie Ungarn, die Landfläche entspricht etwa der Münchens, macht nur rund ein Prozent aus. Die Inseln sind innerhalb von 26 Atollen gruppiert. Das Wort „Atoll", so heißen die ringförmig angeordneten Korallenriffe, stammt ursprünglich aus dem Dhivehi, der Sprache der Malediven. Hier findet man sozusagen das Original.

Ich habe eine der „Watervillas" bezogen, residiere an einem der langen Stege, von denen der Blick direkt ins glasklare Wasser fällt. Die Villa aus Holz ist mit Palmwedeln gedeckt und schmiegt sich halbmondförmig um meine private Terrasse mit kleinem Infinitypool und einem Treppchen ins Meer. Zur einen Seite gut vor den Blicken der Villen-Nachbarn abgeschirmt, habe ich auf der Wasserseite eine Glasfront, die sich vom Schlafzimmer über den Flur bis ins Bad mit der frei stehenden Badewanne erstreckt. Das dezente Design passt zum beruhigenden Plätschern der Wellen gegen die Stelzen meiner Hütte. Junge Schwarzspitzenriffhaie ziehen

Türkisgrüne Abgeschiedenheit: eine Beachvilla des Resorts „Constance Halaveli“

im seichten Wasser ihre Bahnen, von Resort-Gästen wie mir lassen sie sich nicht aus der Ruhe bringen. Lange sitze ich dort und sehe dem Unterwasser-Kino zu. Und schon da wird mir klar, dass dies der eigentliche Zauber des Landes ist, dass das Leben der Malediven sich vor allem dort unten abspielt. Nur 200 Malediven-Inseln sind an Land bewohnt, hier oben werden die tropischen Postkartenträume erfüllt, und das perfekt. Wünsche bleiben eigentlich keine offen, große Gedanken mache ich mir auch nicht. Bis ich abtauche.

Die Tier-Show beginnt direkt am Hotel

Sobald ich den Kopf unter Wasser stecke, bin ich umgeben von einer seltenen Vielfalt an Fischen, Korallen und anderen Meeresbewohnern. Orange-weiße Clownfische wuseln um ihre Anemone herum, leuchtend blaue Doktorfische und Einhornfische schwimmen über Kleinstädten aus Korallenstrukturen. Gelegentlich schwimmt eine Schildkröte vorbei, und die Schwarzspitzenriffhaie sind überall. Für eine solche Tier-Show muss man auf dieser Malediven-Insel noch nicht mal auf ein Boot steigen. Wer es doch tut, kann bei einem Ausflug auch Delfinen, Rochen und Walhaien begegnen.

„Ich war schon an vielen verschiedenen Orten auf der Welt. In Mexiko, Mauritius, den Seychellen, Sansibar – nirgends ist es so schön wie auf den Malediven“, sagt Mercy Joy Resh, die aus Kenia stammt, Meeresbiologin ist und für das Resort als Tauchführerin arbeitet. Viele Resorts beschäftigen Unterwasserexperten wie Mercy, damit sie den Gästen die Welt dort unten zugänglich machen. Sie verleihen Equipment zum Schnorcheln ➢

Im Wine Cellar des „Constance Halaveli“ (unten) lagern rund 24 000 Flaschen. Umso besser, dass der 850 Meter lange Pier, der von dort zu den Villen führt, im Dunkeln beleuchtet ist

FOTOS: CONSTANCE (3)

und begleiten Ausflüge zu verschiedenen Riffen, den Unterwasser-Hochburgen. Und sie sind die besten Cheerleader für die submarine Welt der Malediven, Mercys Begeisterung ist mitreißend.

Mit der Meeresbiologin auf Tour

In einer kleinen Gruppe fahren wir mit einem traditionellen maledivischen Dhoni-Boot zu einem der benachbarten Korallenriffe und erkunden schnorchelnd das Treiben unter Wasser. An dieser Stelle ein Hinweis: Wenn Wellengang ist, kann man auch im Wasser seekrank werden. Wer dazu neigt, sollte vorher nach einer Tablette gegen Übelkeit fragen, die helfen in der Regel sehr gut. Mercy kennt alle Tiere im Riff. Immer wieder taucht sie mit dem Schnorchel runter und deutet auf Besonderheiten. Hier bewegt sich ein Seestern auf seinen vielen kleinen Füßchen langsam vorwärts, dort schwimmt ein Einhornfisch, unten schwebt elegant ein

Blaue Stunden: Die Bar des Resort-Restaurants „Jing" öffnet sich direkt zum Meer

kleiner Rochen an der Riffkante entlang. Für ein sicheres Schnorchelerlebnis hat Mercy ein einfaches Rezept: *„Touch nothing but the water, kill nothing but your own time, take nothing but your memories and leave nothing but bubbles."* (Berühre nichts, außer dem Wasser. Schlag nichts tot, außer deiner Zeit. Nimm nichts mit, außer Erinnerungen und hinterlasse nichts, außer Luftblasen). Wer sich daran hält, sagt sie, sei sicher.

Das niedrigste Land der Erde

Für uns fühlen sich die Malediven tatsächlich paradiesisch an, kein Lärm, keine sichtbare Verschmutzung, ganz nah dran an der Natur. Doch natürlich machen die Probleme der Welt am Rande dieser türkisfarbenen Gewässer nicht halt, manche sind hier besonders spürbar und dringlich. Mehr als 80 Prozent der kleinen maledivischen Landfläche ragt nur weniger als einen Meter über den Meeresspiegel, der Inselstaat ist das niedrigste Land der Erde.

An jeder Ecke des Resorts ist das Meer allgegenwärtig, man hört es, schmeckt das Salz in der Luft. Halaveli ist so klein, dass es sich in 20 Minuten bequem zu Fuß umrunden lässt und Ebbe und Flut täglich über mehrere Meter Strandfläche entscheiden. An vielen Stellen nagt das Wasser am Traumstrand, vor allem nach Stürmen hat die Hotelleitung viel zu tun, den weggespülten Sand zurückzubringen.

Ihre Geografie macht die Malediven besonders empfindlich angesichts steigender Meeresspiegel im Zuge des Klimawandels. 2009 brachte der damalige Präsident Mohamed Nasheed sein Land international in die Nachrichten, indem er eine Kabinettssitzung unter Wasser abhielt, um auf die Gefahren für den Inselstaat hinzuweisen.

Dem Tourismus hat das nicht geschadet, er ist neben der Fischerei einer der zwei großen Wirtschaftszweige auf den Malediven, allein 2022 kamen 1,6 Millionen Besucher. Er ➢

Sauber und weiß wie Schnee: Damit die Strände so bleiben, investieren die Hotels in Müllreduktion und Meeresschutz

schafft Arbeitsplätze und sorgt auf der einen Seite dafür, dass das Meer mit seinen Lebewesen als wichtiger Wirtschaftsfaktor verstanden und erhalten wird. Denn es geht ja allen Reisenden wie mir: Sie wollen an sauberen Stränden liegen und in eine heile Unterwasserwelt abtauchen. Andererseits ist es der Tourismus, der mit seinen Emissionen zum Klimawandel beiträgt und große Mengen Müll produziert.

Die Ansätze der Resorts, ihre negativen Einflüsse auf die Umwelt zu reduzieren, sind ganz unterschiedlich. Viele nutzen Entsalzungsanlagen, um Süßwasser herzustellen und Plastikflaschen zu vermeiden, sie recyceln einen Teil ihrer Abfälle oder unterstützen eines der vielen Projekte wie Korallen-Restauration und Schildkrötenschutz oder engagieren sich in lokalen Communities. Achtsamkeit ist geboten, wenn solche guten Projekte von den größeren Themen wie Müll- und Abwassermanagement ablenken sollen. Jasmine Corbett von der Meeresschutzorganisation The Manta ➢

FOTOS: BAMBAPHOTOGRAPHIE@GMAIL.COM, CONSTANCE

Die Farbpalette der Malediven: blau, weiß und grün – links am Strand des „Halaveli", auf dieser Seite der Poolbereich des „Constance Moofushi"

FOTO: CONSTANCE

Sternstunden: Candle-Light-Dinner im „Constance Moofushi“

Trust rät Urlaubern vor allem eins: Fragen stellen. „Als Tourist hat man viel Einfluss darauf, wie ein Resort operiert. Es ist also gut, schon vor der Reise Fragen zu stellen. Denn im Endeffekt ist der Kunde König.“

„Es ist eine feine Balance zwischen Luxus und Nachhaltigkeit“, meint Mevin Ramasamy, der Manager von „Halavelis“ Schwesterhotel „Constance Moofushi“. Das luxuriöse All-inclusive-Resort liegt knapp 40 Bootsminuten vom „Halaveli“ entfernt, im Süden des Ari Atolls. Mevin und sein Team müssen die zwei scheinbar gegensätzlichen Pole jeden Tag miteinander vereinbaren. Dazu wird auch hier das Wasser selbst hergestellt und in Glasflaschen abgefüllt, Essensreste werden kompostiert und als Dünger an umliegende Gemeinden gegeben. Kleine Umschläge in den Zimmern fordern Gäste dazu auf, Mikroplastik, das sie am Strand finden, aufzusammeln und zu Hause zu entsorgen. Und auch die maledivische Kultur findet im Resort ihren Platz. Neben internationalen Speisen gibt es im Hauptrestaurant immer auch lokale Gerichte, deren Rezepte der Koch großzügig mit seinen Gästen teilt. Wöchentlich ertönen die Trommeln für den traditionellen Boduberu, einen Tanz, den maledivische Resort-Mitarbeiter mit sichtlichem Spaß in der „Manta Bar“ vorführen. Die Mitarbeiter machen „Constance Moofushi“ zu einem Wohlfühlort. Und die Welt unter Wasser toppt auch hier das kleine Paradies darüber. Das Hausriff ist das beeindruckendste, was ich bisher unter Wasser erlebt habe. Keine fünf Meter jenseits des Traumstrandes beginnt es, und schon im flachen Wasser ist ein Schwarm von Feldwebelfischen um mich herum, so nah, als hätte ich mich in ein Aquarium gesetzt. Bunte Papageifische grasen die Korallen ab, manchmal kann man sogar das leise Klopfen ihrer schnabelartigen Zähne auf den festen Körpern der Korallen hören.

Diese Wasserwelt nach ein paar Tagen zu verlassen, ist nicht leicht, und das Holzschild, das uns am Steg verabschiedet macht es nicht einfacher. Dort steht: *Back to reality beyond this point.* ❖

Beste Reisezeit

Hauptsaison für die Malediven ist der europäische Winter. Dann ist das Wetter am beständigsten, und das Wasser ist ruhig – beste Voraussetzungen für Unterwasser-Aktivitäten. Die Chancen, große Ansammlungen von Mantarochen im Meeresschutzgebiet Hanifaru Bay im Baa Atoll anzutreffen, sind zwischen Mai und Dezember am größten. Infos zum Thema Mantarochen über „The Manta Trust". Letztlich sind die Malediven aber ein Ganzjahresreiseziel. Auch in der Nebensaison zwischen April und Oktober bleiben die Temperaturen meist bei etwa 30 °C. Der Südwestmonsun bringt in dieser Zeit gelegentliche Schauer und kräftige Winde. Es kommen weniger Touristen, und die Preise sinken.

www.visitmaldives.com
www.swimwithmantas.org

Anreise

Direktflüge auf die Malediven gibt es von Frankfurt (Condor), Wien (Austrian Airlines) und Zürich (Edelweiss Air). Transitflüge, etwa mit Emirates oder Qatar Airways, führen meistens über Dubai, Abu Dhabi, Oman oder Bahrain. Vor Ort fliegt Trans Maldivian Airways mit der weltweit größten Flotte von Twin-Otter-Wasserflugzeugen die verschiedenen Atolle an. Näher gelegene Resorts werden auch per Boot angesteuert. Die meisten Resorts helfen bei der Organisation des Inlandtransfers.

www.transmaldivian.com

Hotels

Constance Halaveli
Das ideale Resort, um Zeit für sich zu haben – seine Wasservilla muss man eigentlich nicht verlassen. Sie hat geräumige Zimmer, ein großes Bad mit frei stehender Badewanne, begehbare Kleiderschränke, eine private Terrasse mit Pool und direktem Zugang zum Meer. Dazu gibt es einen Rundum-Service, der jede Mahlzeit zum Haus bringt – perfekt für Frischverliebte und Honeymooner. Das Resort ist zu Recht Mitglied der „Leading Hotels of the World", auch die Strandvillen und Familienvillen (insgesamt 86 Häuser) sind top ausgestattet. Außerdem gehören zur Insel ein Gym, ein Spa, ein Kids Club und ein Tennisplatz. Etwa 24 000 Flaschen und jede Menge Knowhow: „Constance Halaveli" verfügt über eine der größten Weinsammlungen im Indischen Ozean. Von den vier Restaurants ist vor allem das „Jing" zu erwähnen, wo feinste Fusion-Küche mit europäischen und asiatischen Einflüssen serviert wird.

●●●●
www.constancehotels.com

Constance Moofushi
Im Schwesterhotel des „Halaveli", das auf dem Süd Ari Atoll liegt, ist die Stimmung lockerer und geselliger. *„No news, no shoes beyond this point"*, begrüßt ein Holzschild die Gäste des „Constance Moofushi". Im luxuriösen All-inclusive-Resort herrscht ein lässiger Barfuß-Chic (auch die Restaurants haben Sandböden). Es gibt Strandvillen, Sandvillen und Wasservillen aus Holz (insgesamt 110). Alle haben direkten Zugang zum Meer oder zum Strand. Zwei Restaurants und zwei Bars lassen kulinarisch kaum Wünsche offen, auch im Spa und anderen Teilen der Anlage ist der Service erstklassig und die Atmosphäre sehr herzlich. Das Highlight aber ist „Moofushis" Hausriff, und auch die Exkursionen zu anderen Riffen sollte man nicht verpassen (Schnorchel-Guide Jaysun verfügt über jede Menge Fachwissen).

●●●◐
www.constancehotels.com

The Ritz-Carlton Maldives, Fari Islands
Mit klarem, offenem Design und harmonischen Formen hat „Ritz-Carlton" im Osten der Malediven eine Hotel-Perle geschaffen. Jede Villa kommt mit einem *Aris Meeha,* einem persönlichen Butler. Die Villen selbst sind modern und elegant, mit privatem Pool und offenen Elementen, die die Grenzen zwischen Innen und Außen verschwimmen lassen. Die moderne, vom Architekten Kerry Hill gestaltete Anlage setzt auf Solarenergie und zertifiziertes Holz.

www.ritzcarlton.com

Six Senses Laamu
Das „Six Senses Laamu" im Süden der Malediven ist ein Fünf-Sterne-Resort mit hohem Anspruch an Nachhaltigkeit. Es beheimatet auch eine Forschungs- und Bildungsstation der Maldives Underwater Initiative, die mit dem Manta Trust zusammenarbeitet. Die Annehmlichkeiten für Gäste lassen dabei wenig vermissen: Die Villen verfügen unter anderem über ein Aussichtsdeck, eine gläserne Badewanne direkt über dem Meer, einige auch über einen eigenen Pool.

www.sixsenses.com

Soneva Fushi
Das Resort „Soneva Fushi" im Baa Atoll, im Westen der Malediven, gilt als Vorreiter, wenn es um die Verbindung von Luxus und Nachhaltigkeit geht. Investiert wurde dort in umweltschonende Moskitoabwehr, Recycling und Upcycling-Maßnahmen, eigene Gemüsegärten und eine Stiftung, die soziale und ökologische Projekte umsetzt. Ein besonderes Erlebnis: die „Soneva in Aqua". Eine private Jacht, vollständig mit Crew, Koch und Masseur, auf der Gäste eine oder gleich mehrere Nächte verbringen und die Gewässer der Malediven erkunden können.

www.soneva.com

COMO Cocoa Island
Im Süd Malé Atoll liegt das Resort, das auf dem Cover dieser Merian-Ausgabe zu sehen ist. Das „COMO Cocoa Island" ist eines von zwei „Como"-Luxusresorts auf den Malediven, es ist auch ohne Inlandsflug erreichbar, denn es liegt nur etwa 40 Minuten mit dem Schnellboot vom internationalen Flughafen entfernt. Manche der 33 Villen dort erinnern in ihren Formen an traditionelle Dhoni-Boote. Bemerkenswert ist auch das Yoga- und Wellness-Angebot.

www.comohotels.com

Paradiesische Peripherie: Im „Ritz-Carlton" sind die Übergänge zwischen Innen und Außen fließend

FOTO: THE RITZ-CARLTON

●◐ Von Merian getestet

Das Gold von Islay

Ihr Wert steigt, ihr rauchig-torfiger Geschmack ist unvergesslich, ihr Ruf bringt Menschen aus aller Welt auf eine kleine Insel in Schottlands wildem Westen: zu Besuch in den Brennereien der Islay-Whiskys

VON JONAS MORGENTHALER

FOTO: BEAM SUNTORY

Naturtalent: Kein Künstler könnte Landschaften besser in Szene setzen als das Wechselspiel aus Wolken und Licht auf Islay

Brennen mit Weitblick

Im *still house* von Ardnahoe geben große Fenster den Blick frei auf die Nachbarinsel Jura. Hier wird in kupfernen Brennblasen der Whisky destilliert, der dann über Jahre in Fässern reift

FOTO: KENNY LAM/VISITSCOTLAND

Margret Thomson zieht einen kleinen Holzkorken aus Fass 11322 und schiebt einen *valinch* durch die Öffnung. Wie mit einer Pipette entnimmt sie mit dem hohlen Stahlrohr eine Kostprobe des Inhalts: Whisky, zwölf Jahre in diesem Fass gereift in den „No. 1 Vaults" von Bowmore, Schottlands ältestem *whisky warehouse.* Es riecht würzig-erdig in dieser Spirituosen-Schatzkammer, wo in langen Reihen akkurat aufgestapelte Eichenfässer lagern. Seit 1779 werden sie mit frisch gebranntem *new make spirit* hier hineingerollt. Hinter mit grau-brauner Patina überzogenen Steinmauern entwickelt der Whisky über die Jahre komplexe, intensive Aromen. „Diese Tradition wurde nur unterbrochen, als während des Zweiten Weltkriegs mehrere Fliegerstaffeln der Royal Air Force von der Bowmore-Brennerei aus operierten", erzählt Thomson, die Whisky-Liebhaber durch die Brennerei und ihre Geschichte führt.

Direkt hinter den Mauern der „No. 1 Vaults" beginnt das Meer. Auf der schottischen Insel, mit knapp 615 Quadratkilometern etwa doppelt so groß wie München, kommt man mit dem Auto in einer Stunde praktisch überall hin. Wer unterwegs von den Hauptachsen abzweigt, findet dennoch vor allem eins: Ruhe. Die Landschaft ist rau und karg, aber voller Leben. Austernfischer kreisen mit schrillem *qui qui qui* in der Luft, Robben lugen aus dem Wasser, Fasane staksen durchs Gras. Hobby-Ornithologen freuen sich auf die 100 verschiedenen Vogelarten, die auf der Insel leben, und auf die 30 000 Nonnengänse aus Grönland, die auf Islay überwintern. Golfer schätzen den Links-Platz hinter dem langen Sandstrand der Laggan Bay und das Hotel „The Machrie" direkt daneben – ein Traum-Duo, das seit rund 130 Jahren besteht und vor einigen Jahren modernisiert wurde.

Es gibt also nicht nur den Whisky. Aber seinen internationalen Ruf verdankt Islay Namen wie Bowmore, Ardbeg und Laphroaig. Um deren Destillerien zu erleben, kommen Gäste aus jedem Winkel der Welt. Manche reisen bewusst an, wenn es stürmisch und kalt ist, weil dann ideale Bedingungen herrschen für kurze Spaziergänge und ausgedehnte Whisky-Runden am Kaminfeuer. „Die Islay-Whiskys haben einen einzigartigen Stil", sagt Anthony Wills, Gründer der Kilchoman Distillery. „Sie haben diese zusätzliche Dimension, diese salzig-torfige Schärfe, die immer mehr Leute schätzen." Der rauchig-süße Lagavulin 16 Jahre, der torfig-ungestüme Ardbeg Corryvreckan oder der 10 Jahre alte Laphroaig mit seinen medizinisch-maritimen Geschmacksnoten: Das sind Whiskys, die niemanden kaltlassen. *Love them or hate them.*

Das Geschäft mit Single Malts boomt

Die Torfböden und Quellen auf Islay bieten ideale Whisky-Bedingungen. 2019 eröffnete mit Ardnahoe die neunte Destillerie auf der Insel. Die meisten Betriebe sind inzwischen in Besitz von Global Playern auf dem Getränkemarkt wie Diageo und Beam Suntory. Die Geschäfte laufen gut, und die Produktion ist so hoch, dass längst viele Fässer für das normale Sortiment in verkehrsgünstig gelegenen Hochregal-Lagern irgendwo bei Edinburgh oder Glasgow reifen. Gleichzeitig schnellen die Preise für Raritäten in immer neue Höhen. Jüngster Rekord ist ein rares Fass Whisky aus den siebziger Jahren, das die Ardbeg-Brennerei 2022 für fast 19 Millionen Euro an einen privaten Sammler in Asien verkaufte. Dabei sah es vor gar nicht langer Zeit noch ➢

Es gibt hier raue, karge Landschaften voller Leben. Seinen Ruf aber verdankt die Insel Namen wie Bowmore, Ardbeg und Laphroaig

Salz in der Luft
Die 1779 gegründete Bowmore Distillery ist eine der ältesten Whisky-Brennereien in Schottland. Sie liegt direkt am Loch Indaal, einer weiten Meeresbucht, die rund 20 Kilometer ins Innere der Insel reicht

ganz anders aus. In den achtziger Jahren kam es zu einer Überproduktion, und auch in den neunziger Jahren galt etwa die Situation der 1881 gegründeten Brennerei Bruichladdich noch als so ausweglos, dass sie geschlossen wurde. Dann begeisterten sich immer mehr Menschen für Single Malt, hochwertigen Whisky aus gemälzter Gerste, der in einer einzigen Destillerie hergestellt wird. Bald gehörten zu den Kollektionen auch wieder Bruichladdich-Flaschen. Die brachliegende Destillerie wurde 2001 von Investoren reaktiviert, inklusive des Equipments, das teils noch aus viktorianischer Zeit stammt. Ganz ohne Hightech sorgt das Team seitdem mit neuen Ideen und ungewöhnlichen Whiskys wie dem extrem rauchigen Octomore für Aufsehen. Statt die Gerste wie üblich zu importieren, begann Bruichladdich, mit lokalen Bauern zusammenzuarbeiten. Heute mahlt die noch von einem Lederriemen angetriebene Mühle zur Hälfte Gerste, die auf Islay gewachsen ist.

Ähnlich arbeitet Anthony Wills, der 2005 Kilchoman gegründet hat, die erste neue Whisky-Destillerie auf Islay seit 124 Jahren. Damit war er einer der Pioniere in Schottland. Dutzende moderne Brennereien sind seitdem dazugekommen, viele weitere sind in Planung. Wills sitzt in einem der schicken Verkostungsräume des neuen Besucherzentrums, die Sonne scheint durch eine bodentiefe Fensterfront. „Die Gründung einer Destillerie war ein sehr hohes Risiko", sagt er. „Aber ich sah darin eine Chance." Jeder schottische Whisky muss drei Jahre oder länger reifen, auch nach der Eröffnung vergeht bis zu den ersten Einnahmen eine lange Zeit.

FOTOS: BEAM SUNTORY (2)

Die Nachfrage für Single Malts wuchs so stark, dass Wills die Produktionsmenge bis 2018 verdoppeln konnte. Dass bald mindestens drei weitere Destillerien auf Islay eröffnen werden, sieht der Pionier dennoch skeptisch. „Schon die bestehenden Brennereien kämpfen mit schwierigen Bedingungen", sagt er. Die Infrastruktur hinkt dem Whisky-Boom hinterher. Die Fähren auf die Insel, Nadelöhr der Whisky-Logistik und des Tourismus, sind veraltet und unzuverlässig. Vor allem aber fehle es an Unterkünften für die benötigten Arbeitskräfte, meint Wills. Schon jetzt herrsche Vollbeschäftigung. Eine Herausforderung ist auch der Klimawandel: Bei manchen Destillerien steht immer mal wieder die Produktion still, weil durch starke Trockenheit das in großen Mengen benötigte Quellwasser fehlt.

Trotz des Wachstums ist Kilchoman im Vergleich immer noch klein. Caol Ila, die ➢

Signal im Wind
Seit 1832 markiert der mit seinen Ecken ungewöhnliche Leuchtturm von Carraig Fhada die Einfahrt in den natürlichen Hafen von Port Ellen

Manche kommen hierher, wenn die Zeichen auf
Sturm stehen. Sie wollen die raue Schönheit
der Insel erleben – und ihren Whisky am Kaminfeuer genießen

FOTOS: KONRAD BORKOWSKI (2), KILCHOMAN DISTILLERY (2)

Geschmacksnoten
Anthony Wills (unten links) gründete 2005 Kilchoman, die erste neue Whisky-Brennerei auf Islay nach über einem Jahrhundert. Sie ist umgeben von Gerstenfeldern, deren Ertrag vor dem Trocknen und Räuchern durch viel Handarbeit auf eigenen Malzböden (oben) zum Keimen gebracht wird

Naturerlebnisse
Auf Bootstouren lassen sich entlang der Küste Robben und Delfine beobachten. Wanderwege führen durch imposante Landschaften wie den Mull of Oa (unten), ein Kap ganz im Süden der Insel

größte Brennerei auf Islay, produziert zehnmal mehr. Doch das passt zum Konzept, Kilchoman versteht sich als familiengeführte *farm distillery* mit Feldern, Kühen und Schafen. Alles soll an einem Ort passieren, *from barley to bottle.* Die schmale Straße zur Destillerie im Westen der Insel führt vorbei an Feldern voller Gerste, deren Halme sich sanft im Wind wiegen. Nur ein Fünftel der Whisky-Produktion entsteht daraus, aber bei dem ist der Name Programm: 100% Islay.

Handarbeit für hundert Prozent Islay

Dass die Ernte selbst verarbeitet wird, ist alles andere als selbstverständlich. Zusammen mit Bowmore und Laphroaig gehört Kilchoman zu einem guten halben Dutzend schottischer Brennereien, die noch eigene *malting floors* haben. Auf diesen Malzböden verteilen die Mitarbeiter die befeuchtete Gerste und bringen sie bei regelmäßigem Wenden über fünf bis sechs Tage zum Keimen. Bei Kilchoman geschieht das von Hand, alle zwei bis vier Stunden, Tag und Nacht.

Aber es ist vor allem der nächste Schritt, der die Whiskys prägt, für die Islay so bekannt geworden ist: Das Malz wird über einem Torffeuer getrocknet und geräuchert. Für den 100%-Islay-Whisky sticht das Team den benötigten Torf am Ufer des nahen Loch Gorm. Die unkaputtbare Porteus-Mühle, ein über hundert Jahre altes Fundstück aus einer englischen Brauerei, schrotet und mahlt das gemälzte Getreide. Schwerer, süßlicher Duft steigt aus dem dampfenden Maischbottich, in dem ihm durch heißes Wasser der vergärbare Zucker entzogen wird. Der übrig gebliebene Treber ist Futter für die Rinder. Die Zuckerlösung gärt durch Hefezugabe 85 Stunden in *washbacks* zu einem bierartigen Ferment, das dann in sogenannten *pot stills,* zwiebelförmigen Brennblasen mit schwanenartigem Hals, so oft wie nötig destilliert wird. Vier bis sechs Wochen dauert bei Kilchoman der Prozess vom Mälzen bis zum Brennen. Danach reifen die Whiskys über Jahre in einem *warehouse* und werden schließlich abgefüllt.

Anthony Wills war von Anfang an klar, dass er für den neuen Betrieb mit seiner Frau Kathy nach Islay zieht. „Die Insel ist ein sehr freundlicher Ort zum Leben und Arbeiten“, sagt er. „Es gibt keinen Druck, es ist nicht wie in einer Stadt mit viel Verkehr.“ Wer mehrere Tage auf der Insel bleibt, erlebt sie wie ein kleines Dorf, in dem man sich ständig wiedersieht. Mit dem *Islay wave* haben die Ileachs, die gut 3200 Menschen, die auf der Insel wohnen, auch eine liebenswerte Gepflogenheit: Wer am Steuer sitzt, grüßt grundsätzlich entgegenkommende Fahrzeuge. Manche tun es mit einem Fingerzeig. Andere winken fröhlich mit dem ganzen Arm. ❖

FOTO: IAN GARDINER/SHUTTERSTOCK

Alle Islay-Tipps auf einer kuratierten Karte bei Google Maps

FOTO: KENNY LAM/VISITSCOTLAND, KARTE: UWE C. BEYER/MAPCREATOR.IO

Anreise

Von Kennacraig auf dem schottischen Festland legen mehrmals täglich Autofähren nach Port Ellen und Port Askaig auf Islay ab (www.calmac.co.uk). Loganair fliegt ab Glasgow meist zweimal täglich nach Islay (www.loganair.co.uk), am Donnerstag sorgt Hebridean Air Service für eine Flugverbindung von Oban aus (www.hebrideanair.co.uk). Früh buchen lohnt sich, die kleinen Propellermaschinen sind schnell ausgebucht, gleiches gilt für die Unterkünfte auf der Insel. Auch die Restaurants füllen sich schnell.

Wer nicht selbst fährt, findet auf Islay diverse Taxiunternehmen (u.a. www.islaywhiskytours.net, www.islaytaxis.com). Sie bieten in der Regel nicht nur einfache Fahrten an, sondern organisieren auch individuelle Touren – eine gute Wahl, wenn in den Destillerien alle mit verkosten möchten. Whisky mit Fassstärke hat oft über 55 Prozent Alkohol, schon nach einem kleinen Glas darf sich niemand mehr ans Steuer setzen. Fahrer können allerdings nach *drivers drams* fragen: Die Kostproben werden dann in kleine Fläschchen zum Mitnehmen abgefüllt.

Hotels

1 The Machrie

Renoviert und erweitert, ist das viktorianische Hotel seit der Wiedereröffnung 2018 das erste Haus auf Islay. Für Golfer sowieso: Der legendäre Links-Platz beginnt direkt am Haus, von der Terrasse des Restaurants „18" und durch die bodentiefen Fenster der gemütlichen Kaminlounge nebenan blicken die Gäste auf das achtzehnte Green. Überhaupt ist die Aussicht aus den 45 Zimmern, Suiten und Lodges traumhaft, das »Machrie« steht umgeben von viel Grün in Alleinlage zwischen einem langen Strand und einer Hügelkette. Es gibt einen kleinen Wellnessbereich mit Sauna und viel britische Kunst an den Wänden, unter anderem mit Werken von John Bellany, Peter Howson und Sandra Blow.

●●●●◐

An der A846
www.themachrie.com

Postkartenidyll: Portnahaven ist ein Hafenort im ruhigen Südwesten von Islay

2 Glenegedale House

Wer es individuell und persönlich mag, ist bei Graeme und Emma Clark goldrichtig. Nur vier Zimmer haben sie in ihrem Guesthouse zwischen Bowmore und Port Ellen. Antiquitäten, markante Tapeten und Bezüge aus feinem schottischen Tweed sorgen für eine gediegene Atmosphäre. Oft kocht und backt Emma für die Gäste, und gerne bereitet Graeme für sie auch eine frische Meeresfrüchte-Platte zu.

●●◐

An der A846, www.glenegedalehouse.co.uk

3 Port Charlotte Hotel

Neun der zehn Zimmer haben Meerblick – das familiäre, inhabergeführte Hotel ist ein Wohlfühlort direkt an der Küste in Port Charlotte, einem hübschen Ort mit weiß getünchten Häusern. Das Personal ist kompetent und äußerst freundlich, das Restaurant gehört zweifellos zu den besten auf der Insel, und in der beliebten Bar ist die Whisky-Auswahl ebenso hervorragend wie die Livemusik, die jeden Mittwoch und Sonntag gespielt wird.

●●◐

Port Charlotte, Main Street
www.portcharlottehotel.co.uk

Restaurants

4 SeaSalt Bistro

Einfach, aber gut ist die Küche in diesem beliebten Bistro nahe dem Fähranleger in Port Ellen. Es gibt viel Fisch und Seafood, etwa gedämpfte Miesmuscheln, Fish & Chips oder ein köstliches Risotto mit geräuchertem Schellfisch.

Port Ellen, 57 Frederick Crescent
www.seasalt-bistro.co.uk

5 Oyster Shed

Familie Archibald, die im Norden von Islay am Loch Gruinart Austern züchtet, betreibt auf ihrem Hof in Sichtweite der Aquakultur ein Café mit Terrasse und einfachem Mittagstisch. Auf der Karte stehen diverse köstliche Ciabatta-Sandwiches aus garantiert frischen Zutaten. Die Krabben stammen aus der Region, Rind oder Lamm sogar vom eigenen Hof. Highlight sind natürlich die Austern – wir empfehlen, sie roh zu essen, obwohl viele sie hier frittiert bestellen.

Gruinart, auf Facebook (Islay Oysters)

Ausruhen am Kamin: Im »The Machrie« blicken die Gäste von der „Stag Lounge" direkt auf den Golfplatz

Erlebnisse

Wer Bewegung braucht, findet auf Islay diverse attraktive Wanderwege. Sehr schön sind etwa die Rundwege zum Ardnave Point im Norden und zum Mull of Oa im Süden.

[6] Islay Sea Adventures

Islays Küste ist traumhaft schön – besonders von einem der »Sea Adventures«-Schiffe aus. Das sympathische Team bietet diverse Touren in die Natur an. Abenteuerlustige etwa starten zur Straße von Corryvreckan, einer Meerenge nördlich der Insel Jura mit mächtigem Strudel. Klassiker ist der *wildlife trip*: Zweimal täglich startet eine Crew von Port Ellen aus zur Erkundungstour entlang der Südküste, vorbei an drei Brennereien in ein geschütztes Schärengebiet. Unterwegs lassen sich Robben, Wild und diverse Vögel beobachten, mit Glück auch Delfine und Seeadler. Auf der Rückfahrt gibt es einen *dram of whisky* (oder zwei). Unsere Empfehlung ist die *seafood tour:* Am Mittwoch werden auf einem der Trips direkt auf dem Schiff für die Gäste selbst getauchte Jakobsmuscheln und weitere frische Meeresfrüchte gegrillt.

Port Ellen, www.islay-sea-adventures.co.uk

FOTOS: JAMES MCDONALD, JOHN DUNCAN/VISITSCOTLAND

Traumziel vieler Whiskyfans: die Lagavulin Distillery

[7] Islay Woollen Mill

„Sie haben eine Seele", sagt Gordon Covell über die Maschinen, auf denen er und sein Sohn Marcus weben. „Manchmal spreche ich mit ihnen." Es sind Raritäten, manche über ein Jahrhundert alt. Familie Covell produziert damit seit gut vierzig Jahren Tweed und andere feine Stoffe. Verwendet werden sie für die Schirmmützen, Decken, Schals und Handtaschen, die im Shop verkauft werden – und seit die Covells einen Tartan, also ein Webmuster, für Mel Gibsons Kostüm im Film „Braveheart" gefertigt haben, auch für die Filmindustrie.

Bridgend, www.islaywoollenmill.co.uk

Islays Nine: die Brennereien

Die momentan neun Whisky-Destillerien auf Islay sind alle für Gäste geöffnet. Wer mehr sehen möchte als die Besucherzentren mit Bar und Shop, sollte mit Vorlauf buchen – die Plätze für Touren und Tastings sind begrenzt und füllen sich schnell. Zum Angebot gehören Rundgänge durch die Produktionsanlagen und Verkostungen, auch direkt aus Fässern in einer der Lagerhallen.

Laphroaig, Lagavulin und **Ardbeg** befinden sich an der Südküste und lassen sich über den *three distillery path* auch zu Fuß oder mit dem Fahrrad von Port Ellen aus erkunden (insgesamt sechs Kilometer, Rückfahrt mit Taxi oder Bus). Alle drei befinden sich direkt am Wasser. Laphroaig hat ein kleines Museum eingerichtet, Ardbeg betreibt das „Old Kiln Café" und einen Foodtruck. Ein Bistro befindet sich auch in der modernen Brennerei **Kilchoman** ganz im Westen. Die Umgebung dort ist äußerst schön, es lohnt sich sehr, einen Abstecher zur Machir Bay zu machen, einer Bucht mit langem Sandstrand nahe der Brennerei. **Bruichladdich** bietet eine gute Mischung aus Industrieerbe und frischem Wind. Das Whiskysortiment ist hier besonders breit und reicht vom ungetorften „Classic Laddie" bis zum Torf-Schwergewicht „Octomore". Ein Erfolg ist auch der komplexe „Botanist Gin", dessen 22 Botanicals auf der Insel von Hand gesammelt werden. Die Brennerei in **Bowmore** lässt sich bestens mit einem Rundgang durch den ebenfalls im 18. Jahrhundert angelegten Ort verbinden. Die drei Brennereien an der Ostküste – **Bunnahabhain, Caol Ila** und **Ardnahoe** – bieten alle äußerst schöne Ausblicke auf die benachbarte Insel Jura.

Weitere Informationen zu den Islay-Brennereien: www.islayinfo.com/do/distilleries-and-tours

Zwei Inseln, zwei Dämmerungen: Während der Sonnenuntergang Mallorcas Nordspitze, das Cap Formentor, in ein vor Farbe strotzendes Gemälde verwandelt...

TRAUM
INSELN
MALLORCA & MENORCA

Die ungleichen Schwestern

Die eine weltbekannt, die andere an vielen Ecken noch unentdeckt: Die Nachbarinseln Mallorca und Menorca sind grundverschieden – und stehen sich dank innovativer Hoteliers heute doch näher denn je

VON LEON BECKENHAM

FOTOS: SUSANA GUZMAN/ALAMY, LUNAMARINA/ISTOCK

...schaukeln die Boote im Hafen von Ciutadella de Menorca sachte in die blaue Stunde hinein. Der Ort im Inselwesten ist berühmt für seine romantische Altstadt

Es waren einmal zwei Schwestern, die eine groß, auffallend schön, beliebt und berühmt, die andere wesentlich kleiner, unscheinbarer und weniger bekannt. Diese Rollenverteilung spiegelte sich schon in ihren Namen: Mallorca (die Größere) und Menorca (die Kleinere).

Was die Große angeht, ist die Geschichte weitgehend bekannt: Schon in den sechziger Jahren stieg sie mit der Ausweitung des Pauschalurlaubs auf zu einer der beliebtesten Mittelmeerinseln, Fluglinien ohne Ende, dazu Hotels, die im Akkord aus dem mal sandigen, mal felsigen Boden wuchsen. So wurde ihre Schönheit für Mallorca Fluch und Segen. Gut zehn Millionen Besucher kommen heute jedes Jahr. Und eigentlich sind sich alle einig: Die Gästezahlen müssen sinken. Aber das Modell des Massentourismus neu zu denken, es durch ein nachhaltiges System zu ersetzen – und wie genau das gehen soll – ist strittig.

Ganz anders die kleine Insel, die nordöstlich der Großen liegt und damit auch weiter weg vom spanischen Festland. Spaniens Diktator Francisco Franco, der das Land über Jahrzehnte bis zu seinem Tod 1975 prägte, soll Menorca einst die Geldspritzen verweigert haben, die nötig gewesen wären, um auch dort die touristische Infrastruktur ähnlich zu entwickeln wie auf Mallorca. Der Grund: Die Insel galt als streng republikanisch geprägt, in ihrer Bevölkerung sah er eine Gegnerschaft, die ihm ein Dorn im Auge war.

So bekam die Kleine den Segen des Tourismus nicht im selben Maße ab wie die Große – aber auch nicht den Fluch. Sie hat bis heute deutlich weniger unter „Overtourism" gelitten. Der östlichste Zipfel Spaniens bleibt relativ wenig erschlossen.

Was nicht heißen soll, dass Menorca keine Urlauber hat, die nicht jedes Jahr gerne zurückkommen. Ihre Schönheit mag einen nicht ganz so anspringen wie die Mallorcas, doch ihr im Vergleich unscheinbarer Charakter ist gleichzeitig ihre Geheimwaffe: Sie ist ein Entdeckerland. Menorcas Südküste bietet Sand so fein und Wasser so türkis, dass es beinahe unwirklich scheint. Für Abenteuerlustige gibt es eine ganze Reihe erstaunlich unberührter Buchten wie die Cala Macarella ➢

Wandern de luxe: auf dem Rundweg zur Klosterruine La Trapa nahe Andratx mit Blick auf die Dracheninsel

FOTO: GULLIVER THEIS

In einer alten Festung unweit der berüchtigten Partymeile herrscht ein ruhiger, nachhaltiger Luxus

Tief in den Felsen gehauen: eines der „Centinela"-Zimmer des Hotels „Cap Rocat" – inklusive privater Terrasse mit Pool (oben) – und das Spa des Hotels (links)

FOTOS: CAP ROCAT

oder die Cala Escorxada, zu der man nur über einen Kiefernwald-Pfad und eine Bootsfahrt gelangt. Und auch wenn Menorca mit Mallorcas mächtiger Serra de Tramuntana kaum konkurrieren kann, so bietet die Hügellandschaft der Insel doch mehr als genug Aktivitäten abseits des Strands. Der bekannteste Wanderweg ist der Camí de Cavalls, ein alter Pferdepfad, der perfekt ist, um an der Küste entlangzukraxeln.

Lange bevor es den Ausdruck „Slow Tourism" gab, wurde er auf Menorca ganz selbstverständlich gelebt. Nun zeigt sich das auch in den Hotels, die auf der Insel eröffnen. Natürlich finden sich auf Menorca die üblichen familienfreundlichen Ferienresorts. Aber mittlerweile auch exklusive Unterkünfte in restaurierten Bauernhäusern wie das „Torralbenc", wo Schildkröten durch den Garten krabbeln und rustikaler Luxus ganz nebenbei neu definiert wird. Oder Hotels wie die „Villa Le Blanc Gran Meliá", die 2022 eröffnete. Sie ist eines von nur einer Handvoll Fünf-Sterne-Häusern auf Menorca, ein CO_2-reduziertes Luxushotel mit einem mühelos stylishen Vibe. Der Rooftop-Pool ist der Ruhe halber nur den Erwachsenen vorbehalten und zu den beiden Puderzuckerstränden, an denen sich der feurige menorquinische Sonnenuntergang aufsaugen lässt, sind es nur wenige Schritte.

Auch die große Schwester, die lange Zeit touristisch ziemlich dick auftrug, hat längst für sich entdeckt, dass Qualität manchmal über schiere Größe geht. Und auch dort sind es vor allem kleinere, feinere Hotels, die zeigen, wie sich Luxus und Nachhaltigkeit zu einer neuen Form des Tourismus kombinieren lassen. Während manch Politiker noch vergeblich nach Lösungen sucht, gehen einige auf der Insel gereifte Hoteliers als Pioniere voran. Ein Paradebeispiel: das „Cap Rocat". Selbst weit gereisten Hotelkennern wird noch ein süßer Schauer über den Rücken laufen, ➢

FOTO: VISIONS FROM EARTH/ALAMY

Ein Traum in Türkis: Viele der schönsten Buchten Menorcas sind noch unberührt. Diese heißt Cala Mitjana und liegt im Südwesten der Insel

wenn sie vor dem von Zinnen gekrönten Eingang des Fünf-Sterne-Hauses stehen. Das 2010 eröffnete Hotel symbolisiert in vielerlei Hinsicht den neuen, ruhigeren High-End-Tourismus auf Mallorca. Am anderen Ende der Bucht von Palma wird am Ballermann gefeiert, die davon gar nicht sehr weit gelegene ruhige Bergkuppe des Cap Rocat fühlt sich da an wie eine ganz andere Welt. Die Festung aus dem 19. Jahrhundert wurde so brillant konstruiert, dass sie weder vom Festland noch vom Meer aus gesehen werden kann.

Das „Cap Rocat" gehört längst zur Spitzengruppe der Luxushotels auf der Insel. Pablo Carrington, CEO von Marugal, der Hotelgruppe hinter dem Haus, sagt: „Unser Ziel ist einfach. Wir wollen beweisen, dass der Tourismus florieren kann, ohne dabei das Erbe Mallorcas zu kompromittieren, und ich glaube, alle Hoteliers der Insel sollten sich darauf konzentrieren." Das ist mehr als nur ein Lippenbekenntnis: Das „Cap Rocat" unterstützt jedes Jahr drei Initiativen, die weit über die Grenzen seines Grundstücks hinausgehen – vom Schutz der Meeresschildkröten bis zur Rekonstruktion historischer Windmühlen.

Overtourism kennt das kleine Menorca nicht. Mallorca begegnet ihm mit einem neu erwachten Bewusstsein für die eigenen Qualitäten

Andere Hoteliers folgen dem Beispiel des „Cap Rocat" und arbeiten daran, den Tourismus der Insel auf das nächste Level zu heben. So etwa beim auf Mallorca geborenen Hotel-Giganten Meliá, der nicht nur auf der Nachbarinsel mit der „Villa Le Blanc Gran Meliá" für Furore sorgt. Magaluf, das britische Gegenstück zum deutschen Ballermann, ist auf Mallorca seit Langem ein Beispiel für die Auswüchse des Overtourism. Ein härteres Pflaster kann man sich als Luxushotel kaum aussuchen, aber die Hunderte Millionen Euro, die Meliá dort in die Entwicklung seiner Häuser, Strandclubs und der angrenzenden Grundstücke gesteckt hat, tragen Früchte.

„Nach mehr als zehn Jahren hoher Investitionen und Anstrengungen", sagt Gabriel Escarrer Jaume, Präsident und CEO von Meliá, „können wir stolz sein auf die von uns erreichten Veränderungen. Sie haben die Qualität des Tourismus hier gesteigert." Dafür steht die kürzliche Eröffnung des ersten Hotels der Marke „Zel" im benachbarten Palmanova, eine viel beachtete Kooperation von Meliá mit dem berühmtesten Sohn der Insel: Rafael Nadal. Das mallorquinische Bündnis zwischen dem Tennisstar und dem Hotel-Schwergewicht veranschaulicht das Bemühen der Insel, die geschmackloseren Seiten des Tourismus zu verwandeln: in ein schlankes, mediterranes, modernes Modell.

Es ist sozusagen eine Schönheitskur für die große Schwester, damit sie auch in Zukunft nichts von ihrem Zauber verliert. ❖

Diese und weitere Tipps aus Mallorca und Menorca auf **merian.de**

Anreise

Unter den zahllosen Optionen für Flüge nach Mallorca gibt es seit Sommer 2023 ab München und Zürich eine besonders luxuriöse: in einer komplett First Class-ausgestatteten Maschine mit nur 22 Sitzen. Anbieter ist das Schweizer Unternehmen Travelcoup. Direktflüge nach Menorca, etwa mit Eurowings ab Düsseldorf, sind deutlich rarer. Günstige Flüge von Palma de Mallorca nach Menorca gibt es mehrmals täglich, z.B. mit Iberia. Andere Option: per Fähre von Alcúdia nach Ciutadella.

www.travelcoup.com
www.eurowings.com
www.iberia.com
www.menorcalines.com

Hotels

Mallorca: Cap Rocat
Die einstige Festung ist heute ein Luxushotel mit 29 Zimmern und Suiten, Privatstrand und viel Platz. Trotz der Nähe zum Flughafen vermittelt die labyrinthische Anlage ein Gefühl von Abgeschiedenheit. Das in den Felsen gehauene Spa ist von natürlichem Licht durchflutet, die Küche im Restaurant „La Fortaleza“ ist eine der besten der Insel. ●●●●◐

Cala Blava
Carretera d'enderrocat
www.caprocat.com

Son Bunyola
Es vergingen über 20 Jahre, bis der britische Milliardär Richard Branson eine verfallene Finca aus dem 16. Jahrhundert in dieses Luxushotel verwandelte, das 2023 eröffnet wurde. Die Finca liegt im Tramuntana-Gebirge und ist von geschützter Landschaft umgeben, die sich bis zu einem langen, malerischen Küstenstreifen erstreckt. Einige der Suiten bieten einen 360-Grad-Panoramablick auf Berge und Meer. Zum Haus gehören zwei Restaurants (eines in einer historischen Olivenpresse) und ein 28-Meter-Pool. ●●●●◐

Banyalbufar, Carretera C 710, www.virginlimited edition.com

Das „Can Bordoy“ in Palma de Mallorca ist ein Kunstwerk bis ins letzte Detail des einstigen Stadtpalastes

Grand Hotel Son Net
Das Herrenhaus aus dem 17. Jahrhundert wurde 1998 zum Luxushotel und 2023 nach millionenschwerer Renovierung wiedereröffnet. Das mit Efeu bewachsene Anwesen ist von Hügeln umgeben und überblickt das verschlafene Städtchen Puigpunyent. Es hat einen sehr gepflegten Garten und einen eigenen Weinberg. Die 31 Zimmer und Suiten sind teils im Haus, teils in eigenen, um den Pool gruppierten Cottages eingerichtet.

Puigpunyent
Castillo Son Net
www.sonnet.es

Can Bordoy
Versteckt in den mittelalterlichen Gassen der Altstadt von Palma liegt diese palastartige ehemalige Residenz. Sie wurde zu einem extrem geschmackvollen Hotel mit 24 Suiten umgestaltet. Zum Haus gehören ein exzellentes, vegetarisch orientiertes Restaurant, ein traumhaftes Spa im Untergeschoss und zwei Außenpools – einer davon auf dem Dach mit weitem Blick über die Stadt.

Palma, Carrer del Forn de la Glòria 14
www.canbordoy.com

Menorca: Torralbenc
Die typisch menorquinische Finca aus dem 19. Jahrhundert ist heute der Inbegriff von ruhigem Luxus auf der kleinen Insel. Das Hotel hat 27 Zimmer und Cottages, einen Außenpool und ist eingebettet in 77 Hektar eigenes Land. Im hauseigenen Restaurant wird die traditionelle menorquinische Küche neu interpretiert. ●●●●

Carretera Maó – Cala'n Porter, km. 10
www.torralbenc.com

Villa Le Blanc Gran Meliá
Die direkt am Meer gelegene Villa ist eine der wenigen Fünf-Sterne-Unterkünfte auf Menorca. Der Service ist erstklassig, die Küche ist regional, Familien fühlen sich ebenso wohl wie Paare. Ein Pool nur für Erwachsene bietet Ruhe auf dem Dach und ist nur wenige Schritte von zwei feinsandigen Stränden entfernt. ●●●●

Santo Tomás
Playa de Santo Tomás
www.melia.com

Jardí de Ses Bruixes
Das Boutiquehotel in einem typischen Stadthaus aus dem 19. Jahrhundert ist ideal für Übernachtungen in der kleinen Haupt- und Hafenstadt Mahón. Die stilvolle Fassade ist ein Vorgeschmack auf das sorgfältig renovierte Innere mit vielen Vintage-Elementen. Der Innenhof ist ein schöner Ort zum Frühstücken, und im Erdgeschoss befindet sich ein überraschend geräumiges unterirdisches Spa – perfekt zum Entspannen nach einer Erkundungstour.

Mahón, Carrer de San Fernando 26
www.hotelsesbruixes.com

Das „Torralbenc“ auf Menorca ist ein durch und durch entspannter Ort – nicht nur wegen der regelmäßigen Yoga-Stunden

Restaurants

Mallorca: Yara
Dieses im Sommer 2023 im mondänen Puerto Portals eröffnete Restaurant ist schon jetzt einer der Food-Hotspots der Insel. Das Team mit Spitzenkoch Simon Petutschnig, der Designerin Sheela Levy und ihrem Mann Ivan ist bestens bekannt aus dem „Fera“ in Palma. ●●◐

Puerto Nous, Puerto Portals, Local 1, www. yarapuertoportals.com

Ca Na Toneta
Caimari ist ein Dorf in den Ausläufern des Tramuntana-Gebirges, inmitten seiner engen Gassen liegt dieses Restaurant, eines der besten der Insel. Es wird von den Schwestern Maria und Teresa Solivellas geführt. Ihre herausragend guten Gerichte bereiten sie aus saisonalen Zutaten von umliegenden Bauernhöfen zu. Deren Qualität ist längst international bekannt, also reservieren!

Caimari
Carrer de s'Horitzó 21
www.canatoneta.com

Menorca: Cafè Balear
Der perfekte Ort, um Fisch und Meeresfrüchte zu essen: das Restaurant mit Blick auf den Hafen von Ciutadella, wo die Fähren aus Mallorca anlegen. Das „Cafè Balear“ hat ein eigenes Fischerboot. Tipp: die für die Insel typische Caldereta de langosta (ein reichhaltiger Hummereintopf).

Ciutadella
Passeig des Moll 15
www.cafebalear.com

FOTOS: CAN BORDOY, TORRALBENC

●◐ Von Merian getestet ●◐ Von „Der Feinschmecker“ getestet (s. S. 3)

Schlafen auf Höhe der Baumwipfel: Je zwei Zimmer wurden in jedem der vier Türme eingerichtet

TRAUM
INSELN
BALI

Tropen in Perfektion

Eine Frankfurterin hat erst die Hotellerie am Main revolutioniert und dann in einem abgelegenen Dschungel auf Bali ein einmaliges Resort geschaffen. Im „Lost Lindenberg“ nimmt sie sich viel Zeit und Platz für Liebe zum Detail, Bindung zum Ort und Nähe zur Natur

INTERVIEW: TINKA DIPPEL

FOTOS: ROBERT RIEGER, PEMPKI

Dichtes Grün rahmt den dunklen Lava-Sand, und ganz nah an den vereinzelten Strandliegen rauschen die längsten Surfwellen der Insel Bali heran

FOTOS: ROBERT RIEGER (5), OVERHATE

Denise Omurca denkt Hotellerie und Gastronomie immer wieder neu, für das „Lost Lindenberg" zog sie nach Bali

MERIAN *Was ist die Idee der Lindenberg-Häuser?*

DENISE OMURCA Wir sind detailverliebt und kulturaffin. Und das verbinden wir mit einem Gemeinschaftsgefühl. Mit einer 10-Zimmer-Jugendstilvilla in Frankfurt haben wir 2012 angefangen. Dazu gehören ein Garten, eine Dachterrasse, ein Kino, Gemeinschaftsküche, Esszimmer, Wohnzimmer.

Jetzt habt Ihr eine Brücke geschlagen, von Frankfurt nach Bali.

Ja, das klingt erst mal absurd: inzwischen vier Häuser in Frankfurt und dann eines in Südostasien an einem versteckten, kleinen Strand.

Wie ist die Brücke entstanden?

Ich war 2016 zum ersten Mal dort, um Ideen für die Gastronomie in Frankfurt zu sammeln. Für alle, die Bali kennen, muss man gar nicht so viel erklären. Man verliebt sich sehr schnell in die Insel, in die Menschen und ihre Kultur.

Und für alle, die noch nicht da waren?

Die Kultur auf Bali ist tief verwurzelt, sie wird zelebriert und im Alltag gelebt. Dazu gibt es die Tropen in Perfektion, es ist da einfach wunderschön. Ich mag besonders die langen Sandstrände im Westen der Insel, die haben etwas Geheimnisvolles.

Die Ecke, die Ihr jetzt bespielt, gilt als relativ unbekannt.

Vor fünf Jahren, als wir darauf gestoßen sind, war das noch extremer. Bali ist hauptsächlich hinduistisch,

Alle Möbel sind aus Tropenholz maßgeschneidert, ob nun für die Dschungel-Panorama-Suite (links oben und rechts unten) oder für das Spa rechts oben

das macht für viele den Reiz der Insel aus. Medewi im Südwesten aber ist mehrheitlich muslimisch. Wir waren von diesem Flecken gleich entzückt, außerdem haben wir ein paar Minuten vom „Lost Lindenberg" entfernt die längste Welle, die man surfen kann auf Bali.

Beschreibe mal die Atmosphäre.
Wir laden jeden Abend um die gleiche Uhrzeit zu einem Lagerfeuer ein, und wer Lust hat, ist dabei. Die Gäste wissen, sie bekommen ihre Kokosnuss oder ihren Gin Tonic mit Sonnenuntergang am Strand. Es gibt aber auch einen Room-Service.

Wer kommt zu Euch?
Vor allem Menschen, die sich für Nischenprojekte, Design und Architektur interessieren. Die bereit sind, mehrere Tage in Abgeschiedenheit zu erleben. Man kann surfen, im ➢

Was wirkt wie die Fassade eines schrillen Dschungel-Clubs ist der Eingang des „Lost Lindenberg". Die Lichtinstallation ist ein Werk des Künstlers Tobias Rehberger

FOTO: NEVEN ALLGEIER

Kimono aufs Meer blicken und bekommt abends ein gutes Glas Wein.

Ein Genussort also?
Ja, absolut!

Und wer kocht?
Unser Küchenteam kommt vor allem aus den umliegenden Dörfern, Küchenchef Yefta ursprünglich aus Java. Wir haben die Karte mit ihnen zusammen entwickelt, alles ist vegan und wird von lokalen Bauern und Permakulturen bezogen. Es sind Fusion-Twists dabei, es gibt High Tea, frisch gebackenen Kuchen und ein ausgedehntes Frühstück.

Was war Euch beim Bau und bei der Gestaltung des „Lost Lindenberg" besonders wichtig?
Das war das erste Projekt mit den Architekten Alexis Dornier und Max Jencquel. Zeit spielte erst mal keine Rolle, es ging darum, auszuflippen in den Details. Und um die Symbiose aus dem Ort, aus der Community im Dorf, aus lokaler Architektur, aus nachhaltigen Aspekten.

Wie viele Räume gibt es?
Wir haben acht Zimmer auf vier Türme verteilt, immer zwei nebeneinander, alle 45 Quadratmeter groß. Ein Luxus sind die Panoramafenster, man schläft auf Höhe der Baumwipfel. Und man sieht aus allen Zimmern den Dschungel und das Meer. Dann gibt es ein Restaurant, einen Pool mit Café und Bar, den Strand mit Surf-Option – und das Sonnendeck mit einer riesigen Matratze und Sonnenschirmen.

Welche Materialien habt Ihr verwendet?
Vor allem Bangkirai und Teakholz, Bali Green Stone, Messing und Stoffe. Von Kissenhüllen über Keramik bis zu Lampen: Alles konnten wir für dieses Haus anfertigen lassen.

Und alles mit lokalen Mitarbeitern?
Möglichst ja. Selbst die Tobias-Rehberger-Wand habe ich in enger Zusammenarbeit mit Tobias' Team in Frankfurt und einem balinesischen Künstler realisiert.

Die Wand, ein Werk des deutschen Künstlers, bildet den Eingang. Sie wirkt wie eine Ansammlung blinkender Reklame-Botschaften, lädt zu Urlaub und Spaß ein. Wie kam sie in den Dschungel?
Wir sind mit Tobias Rehberger befreundet, und es war immer unser Traum, dass er mal etwas macht für eines unserer Projekte. Und dann kam er mit der Idee für diese riesige Wand! Es hat kurz gedauert, das zu verstehen – eine Lichtinstallation mitten im Dschungel. Dann waren wir begeistert.

Und dann?
Dann kam der Moment, in dem wir zum ersten Mal durchgelaufen sind und es funktionierte. Es funktioniert sogar richtig gut. Man ist mitten in der Natur, dann taucht da diese riesige Wand auf. Und dahinter wird man verschlungen. Die Wand macht ➤

Die Welt steht uns offen

Gemeinsam. Besonders. Nachhaltig.

Mit Gebeco reisen bedeutet, einmalige Erlebnisse und Eindrücke fürs Leben zu sammeln. Ob Erlebnis- oder Studienreise, aktiv auf einer Rad- oder Wanderreise oder intensiv in einer kleinen Gruppe bis zur Privatreise. Wir machen Reisen, die begeistern.

In Jordanien durch die beeindruckende Felsenstadt Petra streifen? Auf Island die Kräfte der Natur ganz nah spüren? Oder lieber in Italien nach einem erlebnisreichen Tag Antipasti frisch von Mamma genießen? Auf Gebeco-Reisen tun wir all dies in bester Gesellschaft: mit einer Reisegruppe Gleichgesinnter und begleitet von einer kundigen Reiseleitung, die sich nicht nur um einen einwandfreien Ablauf der Reise kümmert, sondern als Kenner fremder Kulturen und persönlicher Ansprechpartner unserer Reisenden das Herzstück der Reise bildet. Durch sie werden besondere Begegnungen mit Menschen vor Ort möglich und kleine Insidertipps sorgen für Überraschungen.
So lernen wir in Vietnam bei einer Radtour durch die Reisfelder die Dorfbewohner auf eine ganz andere Art kennen. In Kapstadt kommen wir ins Gespräch darüber, wie wunderbar die Aufbruchsstimmung der „Regenbogennation Südafrika“ mit den Traditionen der verschiedenen Kulturen harmoniert. Oder wir spüren in Portugal die einzigartige Stimmung bei einer Fado-Veranstaltung. Diese Begegnungen erleben wir dank unserer Reiseleitung in gelöster Stimmung und gleichzeitig respektvoll und auf Augenhöhe. So nehmen wir nicht nur einzigartige Eindrücke aus unserem Reiseland mit, die es so kein zweites Mal geben wird, sondern werden gleichzeitig zu Brückenbauern zwischen den Kulturen.
All dies können wir bei unser Rückkehr voller Begeisterung erzählen und mit Schnappschüssen von unserer Reise untermalen. Doch uns ist klar: Dieses Gefühl, das wir bei einer Gebeco-Reise verspüren, und das wir mit unseren Mitreisenden geteilt haben, das kann man nur auf Reisen erleben.

3 Fragen an Michael Knapp Geschäftsführer (CCO) bei Gebeco

Herr Knapp, was macht eine Gebeco-Reise aus?
Michael Knapp: Unsere Reisen sind seit unserer Gründung geprägt von einer Aufbruchsstimmung und dem Gedanken des Brückenbauens zwischen den Kulturen. Und das ist heute mindestens so wichtig wie vor 45 Jahren. Denn respektvoller Austausch auf Augenhöhe trägt zu einem besseren Verständnis füreinander bei. Außerdem liegt gerade in zwischenmenschlichen Begegnungen ein besonderer Zauber, der eine Reise ausmacht und im Herzen noch lange nachwirkt.

Mit wem reise ich auf einer Gebeco Gruppenreise?
Knapp: Wer mit Gebeco reist, ist neugierig und hungrig nach dem Unerwarteten und Unbekannten und sucht nicht das Bekannte. Geführt von einer Reiseleitung, die sich im Reiseland und in den Kulturen vor Ort perfekt auskennt, werden dann besondere Begegnungen möglich und die Gruppe entdeckt immer weitere Facetten des beeindruckenden Planeten, auf dem wir leben.

Was hat Sie auf einer Gebeco-Reise besonders geprägt?
Knapp: Auf meiner letzten Gebeco-Reise nach Zypern gab es zwei prägende Momente völlig unterschiedlicher Natur: die Fahrt durch 7 Klimazonen des Troodos-Gebirge offenbart eindrücklich die geologische und biologische Einzigartigkeit der Mittelmeerinsel Zypern am Schnittpunkt der europäischen, afrikanischen und asiatischen Kontinentalplatte. Andererseits hat unser liebenswerter Reiseleiter Joannis die Reisegruppe im Hinterhof einer Taverne zu einer landestypischen Meze mit Einheimischen entführt, die allen Gästen die einzigartige Lebensfreude und die kulinarischen Highlights Zyperns erlebbar gemacht haben. Ohne Gebeco wären diese Eindrücke nicht möglich gewesen. Diese haben wundervolle Spuren in meinem Leben hinterlassen.

Die neuen Gebeco-Kataloge für 2024 bieten schon jetzt Inspiration für die nächste Reise in Europa oder in die Ferne und sind online bestellbar.
www.gebeco.de/kataloge

auch etwas mit der Geräuschkulisse. Sie schluckt den Schall, erst wenn man durch die Tür tritt, hört man das Meeresrauschen und das Vogelgezwitscher. Das ist wie ein Transfer in eine andere Welt. Auch die Gerüche sind krass, wenn man ankommt.

Wonach riecht es dort?
Nach Tropen pur, nach gekochtem Reis, Kokos-Brioche aus der Küche, nach Räucherstäbchen.

War es denn klar, dass Ihr das Resort so klein haltet? Mit nur acht Zimmern?
Das Land hat rund 8000 Quadratmeter, das ist peu à peu gewachsen. Und damit auch die Entscheidung, trotzdem nicht mehr Zimmer zu bauen. Das wäre ein Leichtes gewesen, aber wir haben bewusst darauf verzichtet.

Was ist der größte Luxus dort?
Die Abgeschiedenheit, alles hinter sich zu lassen. Durch die Rehberger-Wand zu gehen, die Tür zuzumachen, in diesem unfassbaren Waldstück zu sein, das dich schluckt. Du bist *down to earth*. Es ist zauberhaft, von bunten Schmetterlingen umgeben im Dschungel zu sein. Gutes Essen vor sich zu haben. Und der Ort führt dazu, dass man die Zeit vergisst. Ich hab da schon Tage verbracht und hätte hinterher nicht mehr sagen können, wie viele es eigentlich waren. Man ist in einem angenehmen, kleinen Universum, was ein großer Luxus ist. ❖

Das Resort liegt im Küstenort Pekutatan, im Südwesten Balis. Mit dem Auto fährt man vom Flughafen Denpasar Ngurah Rai in rund zwei Stunden dorthin. Eine Suite kostet pro Nacht ab etwa 370 Euro für zwei Personen – inklusive veganem Frühstück und Surf-Unterricht.

www.thelindenberg.com

BALIS SÜDEN

Die Villa mit zwei Schlafzimmern ist eine von vier Unterkünften der „Villa Nangka". Vom Badezimmer aus kann man nachts die Sterne sehen

Beste Reisezeit

Von Mai bis September ist die Luft auf Bali heiß und trocken – ideal für Strandurlaub. Die Regentage sind rar, ganz anders zwischen Oktober und April, dann kann es öfter und teils sehr stark regnen.

Anreise

Zum Beispiel mit Lufthansa von Frankfurt/M. oder München über Singapur zum Denpasar Ngurah Rai International Airport. Tipp: Mit der App Gojek kann man sich Fahrer mit diversen Transportmitteln rufen, vom Mietmotorrad (Ojek) bis zur Limousine. Auch Essen aus vielen Restaurants und Lebensmittel von diversen Supermärkten sind über Gojek bestell- und mit der App bezahlbar.

Hotels

Bulgari Resort Bali
Gelegen im Bezirk Badung an der Südspitze lässt dieses Haus keine Wünsche offen. Über dem Privatstrand erheben sich dramatische Klippen, herunter führt ein Aufzug. Von einigen der bis zu 1300 Quadratmeter großen Villen hat man einen freien Blick auf das Meer. Das Spa bietet umfangreiche Anwendungen in luxuriösem Ambiente: von der traditionellen balinesischen Massage bis hin zu Anti-Aging-Treatments.
Jalan Goa Lempeh, Banjar Dinas Kangin Uluwatu Kabupaten Badung www.bulgarihotels.com

Villa Nangka, Gili Air
Das zu Balis Nachbarinsel Lombok gehörende Eiland Gili Air liegt etwa drei bis vier Stunden Fährfahrt vom Hafen Serangan entfernt. Hier, auf der östlichsten der drei Gili-Inseln, sind fast nur Fahrräder, Pferdekutschen und Elektroroller unterwegs. Die Strände sind für ihren feinen, weißen Sand bekannt, das Meer ist ein fantastisches Tauchrevier. Wer ein paar Tage bleiben möchte, ist in der „Villa Nangka", benannt nach der Jackfrucht, bestens aufgehoben. Gastgeberin der zauberhaft eingerichteten Unterkunft ist die einstige Tauchlehrerin Rose, die sich nach ihrer Ankunft vor gut zehn Jahren erst in die Insel und dann in der Villa in ihren heutigen Ehemann Andreas verliebte. Zusammen kauften sie 2015 das Haus und machten es zu einem exquisiten Hotel mit hohem Romantikfaktor.
Gili Air, Gili Indah, Nusa Tenggara Barat, Lombok www.villanangkagiliair.com

Restaurants

Mostly
Im Distrikt Mengwi an der Südküste findet man in einem traditionellen balinesischen Haus dieses authentische Restaurant mit exzellenter japanischer Fusion-Küche.
Jl. Pantai Pererenan No.114, Pererenan, Mengwi, Kabupaten Badung, https://mostly.qr2order.net

Shelter
Der Brite Stephen Moore hat in verschiedenen luxuriösen Häusern, da-

runter dem Drei-Sterne-Restaurant „El Racó de Can Fabes“ in Barcelona, gearbeitet. Jetzt kreiert der Mitinhaber und Küchenchef des wunderschön im Grünen gelegenen „Shelter“ mediterrane und orientalische Gerichte mit viel Fisch und frischem Gemüse.
Jl. Pantai Pererena No.133 Pererenan, Mengwi Kabupaten Badung www.shelterbali.com

The Cashew Tree
Entspanntes Restaurant in toller Lage an Balis Südspitze. Im Angebot sind Snacks wie Salate oder Bowls und gute Cocktails. Ideal, wenn man einen Tag am Surfspot Bingin Beach mit seiner schönen Steinküste verbringen möchte.
Jl. Pantai Bingin No. 9 Pecatu, Kuta Sel. Kabupaten Badung www.instagram.com/thecashewtree.collective

Clubs

The Shady Fox
Die Atmosphäre erinnert an eine Speakeasy-Bar der 1930er Jahre. Die exzellenten Cocktails trinkt man auf roten Samtsofas oder in komfortablen Ledersesseln, oft spielt Livemusik. Wer mag, kann eine Partie Roulette spielen.
Jl. Tukad Pingai, Pererenan, Mengwi, Kabupaten Badung, www.instagram.com/theshadyfox__/

Potato Head Beach Club
Die Strandbar des Resorts „Potato Head“ bietet neben einem Infinity-Pool auch hervorragende Cocktails, Seafood, Snacks aus regionalen Zutaten und einen unbezahlbaren Blick auf die untergehende Sonne. Wer die nur im engsten Kreis genießen möchte, dem sei das „Baswara Rooftop“ empfohlen, die private Dachterrasse mit Grill, Whirlpool und diversen Wellnessangeboten – die allerdings für mindestens drei Tage und in Kombination mit einer Suite gebucht werden muss.
Jl. Petitenget No. 51B Seminyak, Kuta Utara, Kabupaten Badung, https://seminyak.potatohead.co

Finns Beach Club
Direkt am Meer liegt dieser große Club mit vier Pools, drei Restaurants und neun Bars. Entsprechend breit ist das kulinarische Angebot, das von Sushi bis zur indischen Küche reicht. Der richtige Ort für Anspruchsvolle in Feierlaune. Die Silvesterparty gilt als legendär.
Jl. Pantai Berawa No. 99 Canggu, Kuta Utara Kabupaten Badung www.finnsbeachclub.com

Kultur

Tanah Lot Tempel
Ein Hindu-Priester soll Ende des 15. Jahrhunderts diesen spektakulär gelegenen Meerestempel im Bezirk Tabanan auf einem Felsen vor der Küste des Dorfes Beraban errichtet haben. Er befindet sich etwa eine Stunde von Ubud entfernt und lässt sich mit einem Besuch des heiligen Affenwaldes von Ubud verbinden. Das Inselchen ist für alle zugänglich, den Tempel selbst dürfen nur Gläubige betreten. Am besten gelangt man bei Ebbe zu Fuß über eine Treppe vom Strand hinauf.
Beraban, Kediri Kabupaten Tabanan www.tanahlot.id

Die bewachsenen Klippen am Privatstrand des „Bulgari Resort“ fallen steil zum Strand ab. Hinunter kommt man mit einem Aufzug

Ubud
Die heilige Stadt liegt etwa eine Stunde Fahrt von Denpasar entfernt und ist definitiv einen Ausflug wert. Einen der hinduistischen Tempel zu besuchen oder auf Kunsthandwerk-Tour zu gehen, lohnt sich sehr. Das Umland ist voller malerischer Reisterrassen, in Ubud selbst liegt der Wald der heiligen Affen. Die sind allerdings eher eilige Affen und geschickte Diebe (Taschen geschlossen halten und Wertsachen am Körper tragen).
Jalan Monkey Forest Ubud, Ubud, Kabupaten Gianyar www.monkeyforestubud.com

Erlebnisse

Uluwatu
Der bekannteste Surfspot der Insel an der Südspitze ist wegen seiner fantastischen Küstenlandschaft auch für Nicht-Surfer toll. Wer den Profis zuschauen möchte: Vom Sunset Point oder vom Tempel Pura Luhur Uluwatu hat man einen schönen Blick auf das Meer.

Bali National Golf Club
Diese an Balis Südostspitze und sehr nah am Strand gelegene Anlage gilt als eine der besten der Insel. Neben dem gepflegten Platz bietet der Club auch luxuriöse Villen mit eigenem Pool.
Kawasan Wisata Nusa Dua Lot S 5, Benoa, Kuta Sel. Kabupaten Badung www.balinational.com

Shopping

Deus ex Machina
Der beste Laden mit Werkstatt auf Bali für Surf- und Motorrad-Liebhaber. Zum Shop in Canggu gehört ein einfaches Restaurant, wo man Burger oder auch nur einen Kaffee genießen kann.
Jl. Batu Mejan No.8, Canggu, Kuta Utara, Kabupaten Badung, www.eu.deuscustoms.com/blogs/blog/temple-of-enthusiasm

FOTOS: VILLA NANGKA, FINNS BALI, RIO HELMI/BULGARI HOTELS & RESORTS

Kontrastprogramm zum „Lost Lindenberg“: „Finns Beach Club“ mit Pool und Strand. Der nahe „Finns Recreation Club“ hat auch Wasserrutschen

Cocooning in den Baumkronen: In der Spa-Suite „Fare Manu“ genießen Gäste eine ungestörte Wellness-Auszeit

Pazifische Perle: Das nachhaltig gestaltete Resort »The Brando« versteckt sich auf dem Tetiaroa-Atoll nördlich von Tahiti

DIE GESCHICHTE EINER LIEBE

Marlon Brando war ein treuer Mann, zumindest in der Liebe zu seinem Paradies. Tetiaroa ist dessen Name, das Fünf-Quadratkilometer-Atoll besteht aus zwölf um eine Lagune gruppierten Inseln und einer weißen Sandbank, liegt nahe an Tahiti mitten im Pazifik und gehört zu Französisch-Polynesien. Der Hollywood-Star Brando fand es Anfang der sechziger Jahre während des Filmdrehs zu „Meuterei auf der Bounty“. Und er blieb, pachtete diesen von Bilderbuch-Palmen bewachsenen, von Vögeln und Schildkröten bevölkerten Flecken im endlosen Blau für 99 Jahre. Brando starb 2004, seine Liebe zu Tetiaroa aber, so scheint es, hat ihn überlebt. Zehn Jahre nach seinem Tod eröffnete „The Brando“, ein Luxus-Resort mit 35 Villen, drei Restaurants, zwei Bars, einem Spa, Tennisplatz und unendlich viel Ruhe. Etwa 4000 Euro kosten die Villen mindestens pro Nacht. Brando selbst beherbergte Gäste wie Robert De Niro oder Quincy Jones einst wesentlich einfacher. In seinem Sinne dürfte die Infrastruktur sein: Die Klimaanlage funktioniert mit Meerwasser, über 4700 Fotovoltaikmodule und ein Biokraftwerk erzeugen Strom, die Gäste relaxen in Regenwasser-Pools. Und über das einzigartige Ökosystem, das Brando sehr am Herzen lag, wacht die „Tetiaroa Society“. Auch das umweltbewusste Hollywood ist Tetiaroa treu geblieben: Zu den Gästen zählen Leonardo DiCaprio und Johnny Depp.

www.thebrando.com

Center-Court zwischen Palmen: Der Tennisplatz liegt abgeschirmt im Schatten eines Waldstücks

FOTOS: THE BRANDO/JOHAN DRONE ADVENTURE (2), THE BRANDO/BOBY

Paradiesische Zustände

Eine Villa in tropischem Grün, eine Suite direkt am karibischen Strand oder eine Fischerhütte auf den Lofoten: Diese elf exklusiven Resorts ebnen Gästen den Weg zum persönlichen Inselglück

JAMAIKA ROUND HILL HOTEL AND VILLAS

Schon vor 70 Jahren ist dieser Rückzugsort auf einer Halbinsel bei Montego Bay entstanden. Wer hier eincheckt, erholt sich umgeben von tropischer Natur und an türkisblauen Stränden.

www.roundhill.com

Zeitlos schön: Die Suiten des „Round Hill" fügen sich dezent in die grüne Umgebung

SEYCHELLEN FOUR SEASONS DESROCHES ISLAND

Die abgelegene Insel ist das ideale Setting für entspannte Tage: Gäste können tauchen, surfen, Riesenschildkröten füttern – oder einfach in der Bar am 14-Kilometer-Strand entspannen.

www.fourseasons.com

PHILIPPINEN AMANPULO

Auf Wunsch wird am Strand für ein privates Dinner eingedeckt: Die Insel Pamalican ist ganz den Gästen gewidmet, die sich in den 60 Häusern und Villen des eleganten „Aman"-Resorts erholen.

www.aman.com

FIDSCHI COMO LAUCALA ISLAND

Das Hideaway auf der größtenteils unbebauten Privatinsel Laucala ist ein Südseetraum mit 25 großzügig gestalteten Villen, Golfplatz und einer lagunenartigen Poollandschaft (Foto unten).

www.comohotels.com

FOTOS: ROUND HILL, FOUR SEASONS, JOHN W. MCDERMOTT/AMANRESORTS, COMO HOTELS AND RESORTS

MOSAMBIK & BEYOND BENGUERRA ISLAND

Nur etwas mehr als 30 Gäste finden in dieser kleinen, feinen Strandlodge Platz. In ihren privaten Tauchbecken, beim Schwimmen mit Pferden oder auf einem Segeltrip in einer traditionellen Dau genießen sie besten Barfuß-Luxus.

www.andbeyond.com

FOTOS: DOOKPHOTO.COM, ADAMSLAMAPHOTO, RICHARD JAMES TAYLOR

VIRGIN ISLANDS NECKER ISLAND

Individuelle Besuche sind nur selten möglich, meistens vermietet Richard Branson seine Privatinsel exklusiv. Im „Temple House" (Foto) und weiteren Villen kommen bis zu 48 Gäste unter – für rund 125 000 Euro pro Nacht.

www.virginlimitededition.com

ANGUILLA

BELMOND CAP JULUCA

Mittelpunkt des Resorts mit etwa 100 Zimmern, Suiten und Pool-Villen ist ein breiter Traumstrand auf der Karibikinsel Anguilla, beliebter Treffpunkt am Abend das peruanische Restaurant „Uchu“ (Foto).

www.belmond.com

NORWEGEN
NUSFJORD ARCTIC RESORT

Für diesen einzigartigen Rückzugsort wurden im kleinen Dorf Nusfjord auf den Lofoten 23 ehemalige Fischerhütten umgestaltet. Lieblingsort im Winter ist der holzbefeuerte Hot Tub.
www.nusfjordarcticresort.com

INDONESIEN BAWAH RESERVE

Das Resort erstreckt sich über einen Archipel mit Lagunen und Stränden. Highlight sind die sechs Lodges auf Elang (Foto), einer Insel, die man auch ganz für sich buchen kann.
www.bawahreserve.com

FOTOS: NUSFJORD ARCTIC RESORT, BAWAH RESERVE, OETKER COLLECTION

ANTIGUA JUMBY BAY ISLAND

Viel mehr als Badesachen muss nicht ins Gepäck: Wer in einer der 28 Suiten oder einer der 35 Villen dieses exklusiven All-inclusive-Resorts eincheckt, wird komplett umsorgt. Bleibt nur die Frage: Pool oder Meer?
www.oetkercollection.com

Glänzende Handarbeit

Zeitlose Eleganz, dafür brennt Oliver Berking – gleich an zwei Orten: in einer Manufaktur für Tafelsilber und in einer für Oldtimer-Jachten. Als Chef des Flensburger Traditionsunternehmens „Robbe & Berking" beschäftigt er sich bereits in fünfter Generation mit Silber. Die Werft hat er selbst gegründet. MERIAN hat ihn zu beiden Orten begleitet

VON JONAS MORGENTHALER

FOTO: CHRISTIAN CHARISIUS/PICTURE ALLIANCE/DPA

Auf Kurs: In Oliver Berkings Werft „Robbe & Berking Classics" werden klassische Holzjachten gebaut und restauriert

Exklusive Führung

Für unsere Leserinnen und Leser findet am 23. 11. 2023 eine Führung durch die Silbermanufaktur „Robbe & Berking" statt. Infos unter:

www.merian.de/events

Wegweiser zu edlem Silberbesteck: Stilvorlagen der 24 verschiedenen Muster helfen bei der Feinarbeit von Hand

Vom Wrack der „Jenetta", geborgen aus einem kanadischen See, war kaum was zu retten. Hier wird die Jacht originalgetreu rekonstruiert

Historische Boote nachbauen, feinstes Besteck schmieden: In Flensburg sind Spezialisten am Werk

FOTOS: UTA GLEISER/DER FEINSCHMECKER

Ein Schiffbauer hobelt Mahagoniholz zu perfekten Planken, mit den Werkzeugen rechts formt ein Metalldrücker Silberbleche zu Kannen oder Bechern

Mit einem weißen Lieferwagen ist Oliver Berking unterwegs zwischen zwei Welten. Die eine befindet sich in der Flensburger Südstadt, dort dreht sich alles um die Tischkultur. In der anderen, am Ostufer der Förde, geht es um die Seefahrt. Der 61-Jährige leitet zwei Manufakturen, fertigt Silberbesteck und Segeljachten.

Für Berking sind die Betriebe gar nicht so unterschiedlich. „Es sind im wahrsten Sinne des Wortes Manufakturen, in denen von Hand mit edlen Materialien gearbeitet wird. In der einen ist es eben Silber, in der anderen Edelholz."

Der Name „Robbe & Berking" steht vor allem für Besteck aus Echtsilber, in dieser Nische ist die kleine Manufaktur Weltmarktführer. Etwas mehr als 160 Mitarbeiterinnen und Mitarbeiter fertigen Tafelsilber aller Art, von der Austerngabel bis zum neunarmigen Leuchter. Es glänzt auf Jachten und in Spitzenrestaurants vom nahen Glücksburg bis ins ferne Tokio. Der Betrieb besteht seit 1874, Oliver Berking leitet ihn in fünfter Generation, mit einer Mischung aus Leidenschaft und norddeutscher Gelassenheit.

Die Werft „Robbe & Berking Classics" hat er 2008 gegründet. Sie ist ein eigener maritimer Mikrokosmos mit Restaurant, Bibliothek und Museum, der bestens zu Flensburg passt. Wer das Städtchen besucht, schlendert an Kaufmannshäusern vorbei, erkundet schmale Hinterhöfe und steht irgendwann am Ufer der Ostsee. Am Historischen Hafen schaukeln teils über 100 Jahre alte Frachtsegler, Dampfschiffe und Schlepper. Bei drei Großevents kriegen sie Gesellschaft: Zur „Rum-Regatta" zeigen sich historische Gaffelsegler, zum „Dampfrundum" pflügen Dampfschiffe durchs Wasser. Und beim „Robbe & Berking Sterling Cup", den Oliver Berking seit 1995 mitveranstaltet, flattern die Segel klassischer Jachten auf der Förde.

Drei Bootshallen voller Meeres-Oldtimer

Rund dreißig Profis bauen, restaurieren und pflegen auf der Werft Segel- und Motorboote aus Holz. Viele davon sind Zwölfer, rund 20 Meter lange Rennjachten, die meist in der ersten Hälfte des 20. Jahrhunderts gebaut wurden. Jeder Zwölfer ist etwas anders, eines aber haben sie gemein: „Sie sind alle lang und schlank, das macht sie so wahnsinnig elegant", erklärt Oliver Berking. „Sie hatten nur das Ziel, schnell zu sein."

Berkings drei Bootshallen sind bis zu 50 Meter lang, mit Oberlicht und großen Rolltoren für die Boote. Mit ihren blank polierten Decks stehen die Oldtimer dort inmitten eines praktisch eingerichteten Handwerksbetriebs: Gabelstapler, Schraubzwingen, Werktische. An einer Wand lagern Holzplanken, Mahagoni für den Rumpf, nordamerikanische Fichte für die Masten. Manche ziehen sich über mehrere Regale, bei manchen erkennt man noch die meterdicken Stämme, aus denen sie geschnitten wurden.

Bisher sind daraus ausschließlich Einzelanfertigungen entstanden. Jedes Boot hat hier seine eigene Geschichte. Die „Nini Anker" zum Beispiel, die 2015 vom Stapel lief, wurde zwar neu konstruiert – allerdings nach einem Entwurf des legendären norwegischen Seglers und Jachtkonstrukteurs Johan Anker. Die Originalpläne von 1939, die dieser nie umsetzen konnte, hat das Team aus dem Anker-Nachlass im Osloer Norsk Maritimt Museum erworben. Die „Gretel" wiederum hat Oliver Berking in einem desolaten Zustand von der italienischen Insel Giglio nach Flensburg geschafft. Nun steht die Jacht, mit der das australische Team 1962 am legendären America's Cup gegen den ewigen Titelverteidiger USA antrat, draußen für einen Kunden bereit, der sie restaurieren lässt. ➢

Jeder Griff muss sitzen, jedes Werkzeug hat seinen Spezialeinsatz, so ist das in beiden Manufakturen

50 Arbeitsschritte sind es mindestens, bis aus den angelieferten Blechen die riesige Produktvielfalt wird

Die Prägeformen aus Stahl werden im Haus hergestellt und von Hand nachbearbeitet

Jede Gabel geht bis zur Vollendung durch viele Hände. Für das Muster „Ostfriesen" (links) werden die Ornamente seit fast 150 Jahren von Hand graviert

FOTOS: UTA GLEISER/DER FEINSCHMECKER

„Das ist wie bei der Silbermanufaktur", sagt Oliver Berking. „Es gibt Menschen, die sich genau dafür interessieren. Aber wir müssen sie auf der ganzen Welt suchen." Gerne möchte er bei „Robbe & Berking Classics" auch Boote in Serie bauen, etwa das Motorboot für die europäischen Kanäle, ein eigener, noch nicht umgesetzter Entwurf. Alle relevanten Navigationskarten wurden dafür gewälzt – damit ja keine Brücke zu tief und keine Schleuse zu eng ist.

Übung in der Serienfertigung haben die Bootsbaumeister neuerdings: durch einen Servierwagen aus Esche oder Eiche mit zwei großen Holzrädern. Der ist äußerst erfolgreich und wird immer wieder nachproduziert. Und er verbindet beide Manufakturen: In der Silbermanufaktur erhält er als Finish einen eleganten Silberstreifen – und die Ausstattung, etwa silberne, fein modulierte Champagnerkelche, die intensiv schimmern.

Für diesen Schimmer hämmert einer der Silberschmiede Zentimeter um Zentimeter kleine Dellen ins Metall – einer von 50 oder mehr Arbeitsschritten, durch die aus den angelieferten Blechen eine Produktvielfalt aus Tausenden fein ausgearbeiteten Artikeln wird. Allein zwei Dutzend verschiedene Besteckmuster gehören zum Portfolio, alle in Sterlingsilber oder versilbert. Oliver Berking zeigt einen Esslöffel, Kostenpunkt knapp 300 Euro. Er stammt aus der Kollektion „Riva", benannt nach Carlo Riva, einem weiteren berühmten Bootsbauer. „Das Mundstück des Löffels erinnert an den Bug einer klassischen Jacht", sagt der Unternehmer. „Das Messer wiederum steigt dynamisch an, damit seine schmutzige Klinge die Tischdecke nicht berührt." Momentan gilt für alle Kollektionen eine Nachkaufgarantie bis 2040. Das Tafelsilber soll Generationen überdauern, auch ästhetisch.

Wie bei den Jachten setzt Oliver Berking auch in der Silbermanufaktur auf Qualität und auf Handarbeit aus Flensburg: „Wir wissen, dass wir mit unseren relativ hochpreisigen Produkten nur dann eine Chance haben, wenn wir wirklich sagen können: Das ist einzigartig, was wir da machen."

Mal wird dafür mit kleinen Sticheln graviert, mal werden an einer mehrere Meter ➢

hohen Maschine mit 1000 Tonnen Druck Rohlinge in Form gepresst. Jedes Stück geht durch viele Hände, alle müssen aufmerksam bleiben, damit nicht zu viel Material abgetragen wird. „Das ist wie beim Frisör", sagt ein Mitarbeiter. „Alles, was weg ist, ist weg." Etwa die Hälfte der 10 bis 15 Tonnen Silber, die der Betrieb jedes Jahr kauft, geht auf dem langen Weg vom Blech zum Besteck verloren und wird zum Einschmelzen zurückgeschickt.

Alles soll perfekt sein, eine zweite Wahl gibt es nicht. Beim Empire-Leuchter aus mehr als 100 Einzelteilen muss die meterlange Lötnaht verschwinden. Auch die Messer sollen wie aus einem Guss wirken, obwohl die Griffe aus zwei Hälften bestehen. Den Hohlraum füllt das Team wie in einer Konditorei mittels Portioniermaschine mit einem besonderen Zement, um darin die passende Edelstahlklinge zu verankern. Bei der Gabel wird auch zwischen den Zinken poliert. Ein Detail, das nur wenigen auffallen wird.

Aber am Ende können alle bei „Robbe & Berking" sagen: Bittesehr, das ist die schönste Gabel der Welt. Sie ist spülmaschinengeeignet, und gegen das Anlaufen gibt es einen einfachen Tipp: möglichst oft benutzen. ❖

Geschäft der Silbermanufaktur in Flensburg: Rote Str. 14, www.robbeberking.com

Werft mit Museum: Flensburg, Harniskai 13 www.classic-yachts.com

Treffpunkt Flensburg: Zur „Rum-Regatta" tummeln sich viele historische Segelschiffe in der Förde

Familie Braasch hält in der hübschen Roten Straße die Rum-Tradition hoch

Das James
Der ehemalige Marinestützpunkt Flensburg Mürwik ist heute ein friedlicher Ort mit Jachthafen und Fünf-Sterne-Hotel. Für »Das James« wurde ein Backsteingebäude aus den dreißiger Jahren umgestaltet: An der Betondecke der ehemaligen Torpedohalle hängen Kronleuchter, durch geschickte Unterteilung ist sie jetzt ein Wohlfühlort mit Kamin und Bar. 81 Zimmer und Suiten stehen zur Wahl, darunter zweigeschossige Lofts und ein Penthouse (Badewanne mit Fördeblick!). Über drei Ebenen erstreckt sich das Spa, zu dem eine Saunawelt, ein „Family Spa" und ein Dachpool mit Außenbereich, Kamin und Bistro gehören. Auch sonst bietet das Hotel kulinarisch viel, vom Comfort Food im „James Farmhouse" über japanische Küche im „Minato" bis zu großen Gourmet-Menüs im „Grace". Hauptlieferant für Fleisch, Eier, Käse und Wurst ist ein eigener 180-Hektar-Hof. Das Frühstücksbüfett sucht seinesgleichen: Das Angebot reicht vom Stundenei nach Onsen-Art über Räucherfisch bis zum Chiapudding.
●●●●
Flensburg-Sonwik
Fördepromenade 30
www.dasjames.com

Fischhütte
Der Fisch ist frisch und schmackhaft, die Soße selbst gemacht, das Brötchen knusprig und warm: Zu Recht genießen die Fischbrötchen aus Ben Heinrichs hölzerner Fischbude Kultstatus. Die Schlange davor ist meist entsprechend lang, dafür kann man sich das Warten mit einem schönen Blick auf die Förde und die historischen Schiffe im Museumshafen vertreiben. Offen ist in der Regel täglich von elf bis etwa 18 Uhr.
Bohlwerk des Museumshafens, bei Facebook

Wein- und Rumhaus Braasch
Durch den Handel mit Rum erlebte Flensburg im 18. und 19. Jahrhundert einen großen Aufschwung. Einst gab es in der Stadt mehr als 200 Rumhäuser, die das Destillat verschnitten und veredelten. Heute sind es nur noch zwei: das traditionsreiche Rumhaus „Johannsen" und der kleine Betrieb von Familie Braasch. Zu Letzterem gehört ein Laden mit Rum-Museum in der Roten Straße. Der sollte mit Zeit besucht werden, viele der hochwertigen Blends und Abfüllungen des Sortiments können verkostet werden.
Rote Str. 26-28
www.braasch.sh

FOTOS: MARTINZIEMER/FLENSBURGER-FOERDE.DE, BRAASCH

●◐ Von Merian getestet (s. S. 3)

Krank im Urlaub
Auslandskranken-versicherung
TOP BEHANDLUNG VOR ORT
HanseMerkur
Reiseversicherung
Wohin Ihre Reise Sie auch führt, mit unserer vielfach ausgezeichneten Reiseversicherung sind Sie weltweit abgesichert – am besten mit unserem Rundumschutz. Der versichert Reiserücktritt, -abbruch und Gepäckverlust und ist im Notfall rund um die Uhr für Sie erreichbar. Eine Leistung, die zeigt: Hand in Hand ist HanseMerkur.
Hand in Hand ist
HanseMerkur

Oslos neue Ufer

Es ist ein seltenes städtebauliches Kunststück: Norwegens Hauptstadt ist seit der Jahrtausendwende an seinen Fjord gerückt, hat eine Architektur-Ikone nach der anderen wachsen lassen und ein großes Stück Lebensqualität gewonnen

VON TINKA DIPPEL

Ein 58 Meter hohes Statement: Mit dem 2021 eröffneten Munch-Museum hat die Stadt ihren berühmten Künstler direkt an den Fjord und mitten ins neue Viertel Bjørvika geholt

FOTO: EINAR ASLAKSEN/MUNCH

FOTO: EINAR ASLAKSEN

Dem Fjord so nah: Aus einem der Cafés in der Bibliothek Deichman Bjørvika fällt der Blick über Monica Bonvicinis schwimmende Skulptur „She Lies“ auf die Insel Hovedøya

Sie fügt sich so organisch ins Bild, als sei sie vor langer Zeit ans Fjordufer gespült worden. Oslos Oper erinnert an eine dicke Eisscholle. Ihr Dach aus weißem Marmor erhebt sich langsam ansteigend aus dem Boden, scharenweise spazieren Menschen hinauf zum höchsten Punkt, genießen den weiten Blick über die Bucht. Sie sehen ein gläsernes Kunstwerk von Monica Bonvicini, das in Sichtweite auf dem Fjordwasser tanzt, einen Strand, an dem Kinder spielen, und einen ziemlich wuchtigen Bau, der sich gleich nebenan selbstbewusst über das Geschehen beugt: das neue Munch-Museum.

Und all das ist nicht nur wegen seiner starken optischen Wirkung bemerkenswert, sondern auch deshalb, weil es all das vor 20 Jahren noch nicht gab. Und weil sich in Oslo nicht nur der einstige Containerhafen gewandelt hat, sondern ein Stück weit der Charakter der ganzen Stadt. „Oslo hatte sich schon immer den umliegenden Wäldern zugewandt", sagt Kjell Kalland, Verwaltungsdirektor bei Hav Eiendom, einer Tochtergesellschaft des Osloer Hafens und führender Entwickler der Fjordstadt. Die Stadt hat Wälder und Berge wie den Holmenkollen mit der berühmten Skisprungschanze im Rücken – dass sie den Fjord vor den Füßen hat, wurde bis vor wenigen Jahren höchstens im Hochsommer spürbar, wenn ihre Bewohner auf die Fjordinseln Hovedøya und Gressholmen ausschwärmten. Die beiden zentralen Buchten Pipervika und Bjørvika aber waren industriell geprägt. Kjell, ein schmaler Mann mit breitem Lachen, steht in Pipervika vor Oslos Rathaus, einem Klotz aus Backstein aus den 1930er bis 1950er Jahren, in dem jedes Jahr der Friedensnobelpreis verliehen wird, und erklärt: „Vor 30 Jahren kam man in Oslo nirgendwo ans Wasser, mit einer Ausnahme: hier." Ansonsten seien am Fjord Werften und eine Schnellstraße zu finden gewesen. Die ersten schicken Hafenviertel Aker Brygge und Tjuvholmen in Sichtweite des Rathauses waren gerade erst im Bau.

Mit der Oper wuchs ein neues Zentrum

Oslos Zentrum, das war die Karl Johans Gate, jene Straße, die ein gutes Stück nördlich des Fjordes den Hauptbahnhof mit dem Schlosspark verbindet – und unterwegs die Domkirche, das Parlament, das Nationaltheater und den Universitätsplatz streift. Die beiden Enden der „Karl Johan" waren wie zwei Pole: rund um das Schloss und dahinter der Osloer Westen, wo die Botschaften liegen und die herrschaftlichen Häuser, wo die Stadt sich viel ➢

Eine Stadt macht blau: Ein beliebter Sport der Osloer ist das ausgiebige Saunieren, hier bei Oslo Badstuforening Langkaia, und der anschließende Sprung in den Fjord

MUNCH–MUSEUM

Edvard Munchs Plass 1
www.munchmuseet.no

Mehr als 26 000 Quadratmeter auf 13 Etagen: Das im Oktober 2021 eröffnete Gebäude bietet so viel Raum für einen einzigen Künstler wie nur sehr wenige auf der Welt. Und es zeigt sowohl den bekannten Edvard Munch (1863-1944) und sein berühmtes Gemälde „Der Schrei" als auch selten gesehene Seiten seines Œuvres. Ein Erlebnis ist ein in hellen Farben strahlendes, großformatiges Werk namens „Die Sonne", für dessen Einzug die Fassade geöffnet werden musste. Südlich des Museums wurde eine Landzunge verlängert und nach Munchs Schwester Inger benannt. Dort kniet seit Sommer 2022 die neun Meter hohe Bronzeskulptur „The Mother" der britischen Künstlerin Tracey Emin.

Tipp: ein Abendessen im Bistro „Tolvte" in der zwölften Etage des Museums und dann ein Cocktail in der Bar „Kranen" im Dachgeschoss mit Terrasse – beide mit unschlagbarem Blick auf Oper und Fjord.

KOK
FRØYA

Die Hafen-Architektur eröffnet viele neue Wege – auf Promenaden, Plätzen und dem Fjord selbst

Direkt hinter dem Munch-Museum ist ein neues Wohnviertel entstanden, mit Bars, kleinen Kanälen und Treppen am Wasser

Grün leistet. Und hinter dem Bahnhof der Osloer Osten, wo die Stadt mehrere Sprachen spricht und viel mit sozialen Problemen zu tun hat. Als die Idee einer neuen Oper aufkam, stand deren Gebäude in der Vorstellung vieler Osloer dort, wo ein Großteil des Opern-Publikums wohnt: im Westen.

Ein wassernahes Oslo nahm Fahrt auf

Doch als andere Standorte dort verworfen waren, traf das Storting, Norwegens Parlament, die alles verändernde Entscheidung: die Oper, das prestigeträchtigste Bauprojekt der vergangenen Jahrzehnte im Land, ans Wasser zu holen, so wie in Sydney. Und Platz am Wasser konnte im Osten gemacht werden, die Schnellstraße E 18 wurde in den neuen Bjørvika-Tunnel verlegt. Auf dem einstigen Fabrikgelände der Werft Nylands Mekaniske Verksted fand im April 2008 die Eröffnung der Oper statt – fünf Monate vor dem geplanten Termin. Ein neues, seinem Fjord zugewandtes Oslo nahm Fahrt auf.

Als die Oper einmal fertig war, war längst klar, dass sie kein Solitär bilden, sondern die gesamte Bucht Bjørvika neu gestaltet werden soll. Neben der Oper steht heute ein Bau, der optisch an einen glatten, nach oben hin breiter werdenden Eisberg erinnert, dessen schimmernde Fassade aus Aluminium und Glas die Oper deutlich überragt und der es gleichzeitig schafft, mit ihr ein Ensemble zu bilden: Deichman Bjørvika, die Zentrale der Osloer Bibliotheken, eines der modernsten und innovativsten Bücher- und Ideenhäuser Europas. Mehr noch: ein Treffpunkt, eine Bühne für viele Formen der Kreativität. Und dann die dritte Ikone im Bunde, das Munch-Museum, dieser über den Fjord gelehnte, etwas abweisende, riesenhafte Bau – hochgelobt und hochumstritten, und so prominent mitten ins Bild gesetzt, dass er niemandem egal sein kann. Drei dicke architektonische Ausrufezeichen, die man in fünf Minuten abspazieren kann, die sich gemeinsam im Fjord spiegeln und um die herum das neue Viertel Bjørvika, benannt nach der Bucht, gewachsen ist. Ein vierter Wow-Bau, Oslos neues Nationalmuseum, wurde im Sommer 2022 in Pipervika, gleich neben dem Rathaus, eröffnet. ➢

OPER

Kirsten Flagstads Plass 1
www.operaen.no

242 Meter lang und 110 Meter breit ist das Werk des norwegisch-amerikanischen Architekturbüros Snøhetta, das auch die Norwegische Botschaft in Berlin und die Bibliothek von Alexandria entworfen hat. Das Besondere an dem Gebäude sind seine Offenheit und seine Begehbarkeit, eine breite Rampe führt auf die Dachlandschaft aus weißem Carrara-Marmor. Die Werkstätten, zum Beispiel für Kostüme, sind von außen einsehbar. Die Ikone der Fjordstadt ist die Spielstätte der Norwegischen Oper, auf ihren drei Bühnen werden aber auch Ballett und Konzerte aufgeführt. Und sie birgt hochkarätige Kunst: Der Lichtkunst-Star Olafur Eliasson hat etwa den Toilettenbereich gestaltet, die Amerikanerin Pae White den großen Bühnenvorhang, die Italienerin Monica Bonvicini „She Lies", jene Skulptur, die in Sichtweite der Oper auf einem Ponton in der Bucht schwimmt und an einen kleinen Eisberg erinnert. Im Erdgeschoss der Oper gibt es eine Brasserie mit tollem Blick auf den Fjord.

Tipp: das im April 2022 eröffnete, auf Seafood spezialisierte Gourmet-Restaurant „Havsmak", dessen Menü samt Weinbegleitung sehr zu empfehlen ist – und das samstags auch ein Champagner-Brunch mit Austern serviert.

Wer vor 15, 20 Jahren zuletzt in Oslo war und jetzt wiederkommt, reibt sich die Augen und erkennt die Stadt hier nicht wieder. Heute wirkt sie so, als feiere sie den Fjord mit jedem neuen Bau, mit jedem der zahlreichen neuen, wassernahen Hotels und mit jedem neuen Restaurant, das hier die Früchte des Meeres und der Wälder in Szene setzt. Wo die Schnellstraße unter der Erde versteckt wurde, verläuft heute die Dronning Eufemias Gate, eine breite Allee mit begrüntem Mittelstreifen. Die Häuser zu ihrer Nordseite sehen zur Straße hin wie schmale Hochhaustürme aus, ihre Breitseite wird erst in den Seitenstraßen sichtbar. „Barcode“ heißt dieses Büroflächen und schicke Wohnungen beherbergende Ensemble, das Norwegens Hauptstadt zum ersten Mal einen Hauch von Skyline verpasst hat – inzwischen aber schon in die zweite Reihe gerückt ist, da Bjørvika am Fjord noch immer weiter wächst.

Manchmal hinke auch Google Maps mit der Entwicklung hier hinterher, sagt Ida Gravdal Haldorsen, Chefin von Bjørvikaforeningen, einem Zusammenschluss aller wichtigen Player im Stadtteil. Dabei können Baupläne in Bjørvika in der Regel nicht sofort umgesetzt werden. „Die Archäologen kommen immer zuerst“, sagt Ida. Bjørvikas Entwicklung ist auch eine Rückkehr zu Oslos Wurzeln: Die Stadt hat vor rund 1000 Jahren in dieser Bucht ihren Anfang genommen. Ihr Zentrum verlagerte sich dann immer mehr Richtung Westen – und kehrt nun zurück. Während Archäologen im Middelalderparken daran arbeiten, die Wurzeln der Stadt freizulegen, ändert diese in Sichtweite ihre Gestalt und ihr Freizeitverhalten.

Auch das Ungeplante darf hier wachsen

Die Fjordstadt, das ist nicht nur ein Slogan, das ist ein Konzept, das sich immer mehr mit Leben füllt. Idas Job ist es, die verschiedenen Triebe des Stadtlebens aufzuspüren, zu stärken und zu vernetzen: die internationalen Konzerne, Banken und lokalen Unter- ➢

FOTOS: EINAR ASLAKSEN, ERIK THALLAUG/FOTOLEUTE

Weltklasse-Ensemble: Deichman Bjørvika, davor die Granitskulptur „Schöpfung aus Iddefjord“ und daneben die Oper

DEICHMAN BJØRVIKA

Anne-Cath. Vestlys Plass 1, www.deichman.no

Eines der herausragenden Beispiele dafür, wie Bibliotheken mit der Zeit gehen, ist das 2020 eröffnete, neue Haupthaus des 1785 gegründeten Deichman-Bibliotheksverbands. Von der Bibel aus dem 13. Jahrhundert über Aufnahmestudios bis zu 3-D-Druckern: Das sich nach oben auffächernde Gebäude ist eine gigantische Kultur-Schatzkiste. Jede der lichtdurchfluteten Ebenen ist je nach Zielgruppe anders gestaltet, es gibt Bühnen, jede Menge Kunstwerke, tolle Ausblicke und versteckte Rückzugsräume. Insgesamt bietet Deichman Bjørvika rund 18 000 Quadratmeter Denk- und Kreativraum, das Atrium erstreckt sich über sechs Etagen.

Tipp: die von der schottischen Künstlerin Katie Paterson gestaltete „Future Library", ein versteckter, höhlenartiger Raum, in dem jedes Jahr eine Autorin oder ein Autor (darunter Margaret Atwood und Karl Ove Knausgård) einen Text hinterlegt, der erst 2114 veröffentlicht wird – 100 Jahre nach Beginn des Bibliothek-Baus. Für das dann benötigte Papier wurden in der Nordmark 1000 Bäume gepflanzt.

Oslo drängt die Industrie an die Ränder, feiert seinen Fjord und wächst um weitere Viertel am Wasser

Die Schiffsindustrie war lange in der Bucht Bjørvika zu Hause. Heute genießen die Osloer dort das Leben, hier im städtischen Schwimmbad des neuen Viertels Sørenga

nehmen, die Cafés und Galerien, die neuen Hotels, die drei kulturellen Schwergewichte Oper, Deichman und das Munch-Museum, die Saunen, die sich irgendwann auf einem Ponton im Schatten des Munch-Museums niedergelassen haben und längst zu populär geworden sind, um entfernt zu werden. „Das ist das Besondere an Bjørvika", meint Ida. „Neben der großen Kunst gibt es auch kleine kreative Orte." Kjell sieht es ähnlich, er erzählt, wie er auf die Saunen aufmerksam wurde. „Ich dachte: Wow, was ist das? Sie stehen auf unserem Grundstück. Aber wir haben früh erkannt, dass wir das Unerwartete zwischen den Gebäuden zulassen und sogar begrüßen müssen." Wie in anderen neuen Hochglanz-Vierteln seien es vor allem Menschen aus der oberen Mittelschicht, die sich die Wohnungen leisten können, sagt Kjell. „Das gibt uns den zusätzlichen Ansporn, den öffentlichen Raum in den Vordergrund zu stellen. Unsere Vision ist es, die Fjordstadt für alle zu entwickeln. Wir fühlen uns verpflichtet, dafür zu sorgen, dass sich jeder Osloer mit Bjørvika, dem Stadtstrand, den Treffpunkten und der Promenade verbunden fühlt und dazugehört." Und so ist Bjørvika sehr viel mehr Game-Changer für die Stadt als die ersten Fjordviertel Aker Brygge und Tjuvholmen es waren, hat nicht nur schicke Architektur an den Fjord gestellt, sondern wirklich die Stadt zum Fjord hin geöffnet, das Lebensgefühl verändert und ein Stück weit das Zentrum verlagert. Und wenn es nach Kjell geht, wird Bjørvika auch das Vorbild für weitere Fjordentwicklungen in Oslo sein.

In Filipstad etwa legen die Color-Line-Fähren an, die über Nacht von Kiel nach Oslo fahren, und so soll es auch bleiben. Die alte Kaffeefabrik und ein Teil der Industrie dort sollen jedoch einem lebendigeren Hafenviertel weichen. Fjord City, Oslos gigantisches Bauprojekt, wächst weiter.

„In ein paar Jahren werden die alten Kräne von Filipstad umgewandelt und einer neuen Nutzung zugeführt", so Kjells Vision. „Und Filipstad wird das neue Bjørvika sein." ❖

Zwei norwegische Schwergewichte: Vorne das Nobel-Friedenszentrum, direkt dahinter das neue Nationalmuseum

FOTO: BØRRE HØSTLAND/DAS NATIONALMUSEUM

NATIONALMUSEUM FÜR KUNST, ARCHITEKTUR UND DESIGN

Brynjulf Bulls Plass 3, www.nasjonalmuseet.no

Der jüngste Neuzugang am Wasser, eröffnet im Sommer 2022, ist das größte Kunstmuseum Skandinaviens. Das 130 Meter lange Gebäude bietet auf zwei Etagen Platz für 86 Ausstellungsräume, in denen mehr als 6000 Objekte zu sehen sind, die ältesten aus der Antike, die jüngsten aus der Gegenwart. Die Sammlung des Hauses umfasst insgesamt um die 400 000 Objekte: Gemälde, Skulpturen, Glas, Keramik, Alltagsgegenstände und Architektur-Entwürfe. Der rote Faden ist chronologisch – teilweise mit Brüchen, die ganz verschiedene Epochen in Bezug setzen. Ob der Flachbau mit heller Naturstein-Fassade des deutschen Architekten Klaus Schuwerk gut gelungen ist, da scheiden sich die Geister. Unbestritten ist: Ein Besuch, inklusive Dachterrasse, lohnt sich sehr.

Alle Oslo-Tipps auf einer kuratierten Karte bei Google Maps

KARTE: UWE C. BEYER/MAPCREATOR.IO

Anreise

Flüge nach Oslo mit Eurowings (ab Berlin, Hamburg, Düsseldorf, Köln-Bonn, Stuttgart und München) oder Norwegian (ab Hamburg, Berlin und München) landen am Flughafen Gardermoen, mit dem Flytoget ist man von dort in gut 20 Minuten am Hauptbahnhof – und damit mitten in Oslo. Über-Nacht-Fährfahrten von Kiel dauern 20 Stunden und sind bei gutem Wetter an sich schon ein Erlebnis.

www.eurowings.com
www.norwegian.com
www.flytoget.no
www.colorline.de

Hotels

1 Sommerro

Der ehemalige Hauptsitz von Oslos Elektrizitätsversorger Lysverker, 1931 im Art-déco-Stil erbaut, wurde 2022 als Luxushotel mit 231 Zimmern wiedereröffnet. Und was für eins: „Sommerro" (Sommerruhe) hat so ziemlich alles, was man sich wünschen kann – vom Rooftop-Pool mit Blick bis zum Fjord über sieben Restaurants und Bars bis zum Kulturprogramm, das auch viele Osloer ins Haus bringt. Das Haus versteht sich auch explizit als Nachbarschaftshotel. Top ist auch seine Lage im Stadtteil Frogner: Das Schloss, das Nationaltheater und das Rathaus sind ganz nah.

●●●

Sommerrogata 1
www.sommerrohouse.com

2 Villa Inkognito

Wie das „Sommerro" hat auch sein kleinerer, 2023 eröffneter Nachbar eine lange Geschichte, unter anderem als Botschaft Algeriens. Und wie nebenan waren auch hier die erfahrenen Hotel-Designer von „Grecodeco" am Werk. In der Villa aus dem Jahr 1870 geht es ruhiger zu, sie hat nur elf individuell gestaltete Zimmer und Suiten. Das Haus kann auch im Ganzen gemietet werden, inklusive Bibliothek und Zugang zu allen Annehmlichkeiten des großen Nachbarn.

Inkognitogata 37
www.sommerrohouse.com/villa-inkognito

3 Amerikalinjen

Noch ein Haus mit Geschichte: Aus dem Hauptsitz der Reederei, die über viele Jahrzehnte Zigtausende nach Amerika brachte, wurde ein Hotel mit 122 eleganten Zimmern und Suiten. Es liegt direkt am Bahnhof und sehr nah an Oper und Fjord. Mehrfach preisgekrönt ist die Bar „Pier 42", benannt nach dem Steg in New York, an dem die Fähr-Passagiere anlandeten. Beliebt ist auch der hauseigene Jazzclub „Gustav", der ein abwechslungsreiches Programm bietet und den Vornamen des Reederei-Gründers trägt.

Jernbanetorget 2
www.amerikalinjen.com

4 Att Revier

Das 2022 eröffnete Hotel befindet sich in bester Lage zwischen den Buchten Pipervika und Bjørvika und nahe an Oslos Flaniermeile „Karl Johan". Es hat 65 schnörkellos designte Zimmer und Apartments. Seine Restaurants „Savage" (Gourmetküche) und „NullNull" (hausgemachte Pasta) sind schnell zu Hotspots in Oslos Food-Szene geworden – so wie die Rooftop-Bar mit Außenterrasse.

Kongens Gate 5
www.attstays.com

Restaurants

5 Hêdone

Kurz nach dem Hotel „Sommerro" eröffnete unweit davon, mitten im Stadtteil Frogner, dieses Restaurant, das Einflüssen aus verschiedenen asiatischen Küchen einen eigenen Twist gibt und dazu sehr gute Weine serviert.

Skovveien 15
www.hedone.no

6 Stallen

„Der Stall" war einst, was sein Name sagt. Heute ist er eine der angesagtesten Gourmet-Adressen Oslos. Das Team serviert bis zu 25 Gänge. Wer dort isst, begibt sich auf eine Reise durch die Welt nordischer Gerichte und Zutaten und sollte sich dafür einen langen Abend Zeit nehmen.

Underhaugsveien 28
www.restaurantstallen.no

Die Schanze am Holmenkollen bleibt, wie sie ist, das Skimuseum darunter bekommt einen neuen Look

[7] Maaemo
Norwegens einziges Restaurant mit drei Michelin-Sternen liegt mitten im neuen Viertel Bjørvika. Wer in minimalistischem Design ein norwegisches Geschmacksfestival aus der offenen Küche erleben möchte, sollte weit im Voraus reservieren. Chef Esben Holmboe Bang und sein Team verarbeiten ausschließlich Bio- und Wildfang-Produkte, der Name „Maaemo" steht für „Mutter Erde".

Dronning Eufemias Gate 23
www.maaemo.no

[8] Barcode Street Food
Das Kontrastprogramm gleich gegenüber: Indoor-Foodstände bieten Bowls, Burger, veganes Gyros, Sushi, Reisnudeln und vieles mehr. Dazu gibt es einen bunten Mix der Menschen aus dem Barcode-Viertel und der ganzen Stadt, Drinks, Musik und Events wie das „Barcode Brew Fest".
Dronning Eufemias Gate 14, www.barcode-streetfood.no

[9] Holzweiler Platz
Das norwegische Modelabel „Holzweiler" ist beliebt für hochwertige Strickwaren, Shirts und Hoodies. Seinen Hauptsitz hat es im neuen Oslo, am Edvard-Munch-Platz mit Blick auf das Munch-Museum – und eigenem Café/Restaurant neben der Verkaufsfläche im Erdgeschoss. Dort gibt es mittags Snacks wie Pommes oder Austern und abends eine feine Auswahl an Fisch- und Fleischgerichten. Wie in der Oper waren auch hier die Architekten von Snøhetta am Werk.
Operagata 61D
www.holzweilerplatz.no

Eng verbunden ist die kleine „Villa Inkognito" mit ihrem großen Nachbarn, dem Hotel „Sommerro"

Bar

[10] Svanen
Der Klassiker an der Karl Johans Gate: „Der Schwan", so hieß schon die Apotheke, die hier 1896 eröffnete – und deren Interieur erhalten blieb. So geschmackvoll wie das Ambiente sind die Drinks, etwa der „Oolong Iced Tea" oder der „Melon Highball".
Karl Johans Gate 13
www.svanenoslo.no

Erlebnisse

[11] Oslo Badstuforening
Das gibt es wirklich nur in Oslo: mit Blick auf zwei der größten Attraktionen der Stadt (Oper und Munch-Museum) saunieren und dann in den Fjord springen! Der Sauna-Verein wurde 2016 unter anderem von Diplomaten gegründet, dabei sein können aber nicht nur Mitglieder. Wer die extrem freundliche Atmosphäre genießen möchte, bucht ein Ticket für die offenen Saunazeiten. Wer es lieber intimer hat, bucht eine der ganz unterschiedlichen Saunahütten für sich.
Am Ende der Hafenpromenade Sukkerbiten, www.oslobadstuforening.no

Grünerløkka
Auch wenn das einst alternative Viertel Grünerløkka längst ziemlich durchgentrifiziert ist: Dort herumzulaufen lohnt sich sehr. Und zwei Adressen sollten auf jeden Fall auf der Tour liegen: die Weinstube [12] „Territoriet", die um die 400 Weine zur Auswahl hat, und der nur fünf Minuten davon entfernte Jazzclub [13] „Blå". Er befindet sich in einer ehemaligen Spinnerei am Flüsschen Akerselva, hat auch einen lauschigen Außenbereich und ist ein Urgestein der Osloer Livemusik-Szene.
Territoriet: Markveien 58
www.territoriet.no
Blå: Brenneriveien 9C
ww.blaoslo.no

[14] Holmenkollen und Skimuseum
Der Berg im Nordwesten Oslos ist vor allem für seine legendäre Skisprungschanze bekannt. Schon die Fahrt hinauf mit der U-Bahn-Linie 1 ist wegen des Ausblicks ein Erlebnis, ganz oben liegen einem dann Stadt und Fjord zu Füßen. Perfekter Platz: die Terrasse des [15] „Kafé Seterstua", in dem mächtig guter Apfelkuchen serviert wird. Vor 100 Jahren wurde am Holmenkollen eines der ersten Skimuseen der Welt eingerichtet, Ende 2023 eröffnet es wieder nach kompletter Neugestaltung durch die in Oslo allgegenwärtigen Architekten von Snøhetta.
Café:
www.frognerseteren.no
Museum:
www.skiforeningen.no/holmenkollen/skimuseet/

Shopping

[16] Norway Designs
Das Traditionsgeschäft (seit 1957) gleich um die Ecke vom Storting, Norwegens Parlament, hat im Angebot, was sein Name sagt: ausgewähltes norwegisches Design, darunter Bestecke, Keramik, Kleidung und Accessoires. Viele der Teile sind zeitlos, alle sind sehr hochwertig. Wer einmal drin ist, kommt so schnell nicht wieder heraus. Und wer danach Energie braucht: Um die Ecke gibt es bei [17] „W.B. Samson" legendäre und wirklich sehr gute Zimtschnecken!
Norway Designs:
Lille Grensen 7
www.norwaysdesigns.no
W.B. Samson Egertorget:
Karl Johans Gate 20
www.samson.no

Asiatische Einflüsse prägen die Gerichte im „Hêdone", einem neuen Restaurant im Stadtteil Frogner – auch bei diesem T-Bone-Steak mit koreanisch inspirierten Beilagen

FOTOS: AESTETHICA STUDIO/SNØHETTA (RENDERING), FRANCISCONOGUEIRA.COM, HAAKONHOSETH.NO

Von Merian getestet · Von „Der Feinschmecker" getestet (s. S. 3)

Mit Hamburg verwachsen

Aus einem Haus wurden 14, aus elf Zimmern wurden 156, aus dem „Hotel Vier Jahreszeiten" wurde die erste Adresse an der Alster. Die Luxusherberge kann Tausende Anekdoten erzählen, sie handeln von großen Ambitionen, lebenslanger Treue, exzentrischen Film- und mit Pudding werfenden Rockstars. MERIAN war zu Besuch

FOTO: MATTHIAS PLANDER/HOTEL VIER JAHRESZEITEN HAMBURG

Wer hier eincheckt, bucht nicht nur höchsten Komfort, sondern auch absolute Diskretion mit

Wenn es dämmert, wirken die Mauern des „Hotel Vier Jahreszeiten", als leuchteten sie von innen, und ihr Spiegelbild sieht im Wasser der Binnenalster aus, als seien die Wurzeln des Hauses sichtbar. Tiefe Wurzeln sind das, und auch wenn sie nicht wirklich sichtbar sind: spürbar umso mehr. Was sich zwischen den Mauern abgespielt hat, füllt Bücher. Wie Sophia Loren ein Badezimmer ihrer Suite Nummer 209 zur Küche umbauen ließ, um ihrem Ehemann Carlo Ponti Pasta kochen zu können, wie Mick Jagger am Kronleuchter hängend mit Pudding um sich warf, wie Bud Spencer Steak-Portionen in Familien-Dimension verschlang. Und so fort, wo das wahre Leben endet und die Legenden beginnen, da scheint der Übergang oft fließend. „Es gibt tausend Geschichten, die man erzählen könnte", sagt Ingo Peters, seit mehr als einem Vierteljahrhundert geschäftsführender Direktor des Hauses. „Aber 99 Prozent davon bleiben hier im Haus." Das meiste behalten die Mauern für sich, erzählen es, wenn überhaupt, erst Jahre später. Wer hier eincheckt, bucht die Diskretion mit.

Das Haus mit der Adresse Neuer Jungfernstieg 11 war ein Geschenk. Der aus

Dieser Raum wird noch viele Berühmtheiten kommen und gehen sehen: Die neue Präsidenten Suite in der vierten Etage misst 200 Quadratmeter

Stuttgart-Gaisburg stammende Gastronom Friedrich Haerlin machte es sich selbst für 420 100 Reichsmark auf einer Auktion an seinem 40. Geburtstag, dem 24. Februar 1897. „Zu den Vier Jahreszeiten“ hieß es, weil es anders als die allermeisten Hotels damals das ganze Jahr über geöffnet hatte. Der Hotelname blieb in verkürzter Form bis heute, den Gründernamen „Haerlin“ trägt seit 1918 das Gourmet-Restaurant, dessen Eingang gleich neben der Rezeption liegt. Der einstige Heuboden für die Pferde der Kutschen ist heute das Obergeschoss des „Café Condi“, die teils sehr breiten Flure erinnern an Zeiten, als das Gepäck noch nicht so kompakt und handlich war wie heute. Die Geschichte ist an vielen Stellen ablesbar, auch an der Architektur, die nicht aus einem Guss ist.

Friedrich Haerlin ließ dieses Haus wachsen, Hausnummer um Hausnummer kam dazu, Neuerung um Neuerung, Fahrstühle, ➢

Friedrich Haerlin (o. r.) machte das Haus zum Luxushotel, Sophia Loren blieb dort über Monate. Das Café „Condi“ (o. l.), einst mit eigener Kutsche, ist bis heute ein Hamburg-Klassiker

FOTOS: HOTEL VIER JAHRESZEITEN HAMBURG (5)

FOTOS: HOTEL VIER JAHRESZEITEN HAMBURG (3), CHRISTINA KÖRTE (2)

Das Haus sei wie eine große Familie, sagt sein Direktor. Das Wichtigste seien die Mitarbeiter

Vier Direktoren in 126 Jahren, jeder setzte Akzente. Ingo Peters erweckte etwa das Dach zum Leben

Bäder auf den Zimmern. Der Standard und der Ruf des „Vier Jahreszeiten" wuchsen mit, aus einer maroden 11-Zimmer-Herberge wurde binnen weniger Jahre ein Weltklasse-Grandhotel. Heute hat es 156 Zimmer und Suiten und umfasst einen ganzen Häuserkomplex, ist ein Patchwork aus 14 Gebäuden, das sich hinter der zur Alster hin einheitlichen Fassade um drei Höfe gruppiert. „So ein Hotel kann keiner kopieren", meint Ingo Peters. Es ist wirklich so, wie schon oft beschrieben: Wer, begrüßt durch einen der rot livrierten Portiers, durch die Drehtür von der Alsterseite in den in goldenes Licht getauchten marmornen Eingangsbereich geschwungen wird, landet in einer kleinen eigenen Welt. Gepäckstücke verschwinden sofort wie von selbst, laute Geschäftigkeit wird wie automatisch runtergedimmt. „Leiser Luxus", so umschreibt Ingo Peters die Atmosphäre.

Peters ist der vierte Hoteldirektor in 126 Jahren. Friedrich Haerlin zog sich nach 35 Jahren zurück, sein Sohn Fritz leitete das Haus mehr als drei Jahrzehnte lang – unterbrochen durch den Zweiten Weltkrieg und die Jahre danach, als die Briten das Haus beschlagnahmt hatten. Sein Nachfolger Gert Prantner blieb 17 Jahre. Ingo Peters begann am 2. August 1981 seine Ausbildung, als Page, das weiß er noch genau. „Der Portier sagte: Hier sind Blumen für Heinz Rühmann, bring die mal hoch", erzählt er. „Und als Rühmann mir die Tür aufgemacht hat, habe ich vor Ehrfurcht direkt die Blumen fallen lassen." Er ging später in die USA und nach Thailand – und kehrte 1997, zum 100. Geburtstag des „Hotel Vier Jahreszeiten", als Direktor wieder. „Ich kam zurück, und nichts hatte sich verändert." Er sagt, das Haus sei wie eine große Familie, „das Wichtigste sind die Mitarbeiter." Ein erstaunlicher Satz von jemandem, der täglich mit sehr hochrangigen Gästen zu tun hat. Die eigene Küche der Sophia Loren ist nur eines der zahllosen Extras, das Haus hat um die 60 Prozent Stammgäste, die es gerne haben, wenn ihre Sonderwünsche be- ➢

Szenen eines Grandhotels: in der Bar, in der Wohnhalle, an der Rezeption und am Eingang (links im Uhrzeigersinn). Ganz oben: die Dachterrasse

rücksichtigt werden. Und eine Stammbelegschaft, die diese Wünsche genau kennt. Rund 300 Menschen arbeiten hier, an der Rezeption, in den neun Restaurants und Bars, im Zimmerservice, in der hauseigenen Floristik, im legendären Weinkeller. Viele bleiben dem Haus ein ganzes Arbeitsleben lang treu.

Oldtimer mit zeitgemäßem Hybridmotor

Und doch verändert sich immer wieder viel im Hotel, Technik und Infrastruktur etwa: „Wir haben in den letzten 25 Jahren alles von links auf rechts gedreht, jeden Raum in die Neuzeit gebracht", sagt Ingo Peters. Die Mauern blieben, aber alle Rohre mussten erneuert werden, bei laufendem Betrieb. Wenn man einmal zumache, würden Gäste und Mitarbeiter sich eine neue Bleibe suchen, sagt der Chef. „Das Haus ist jetzt wie ein Oldtimer mit zeitgemäßem Hybridmotor."

Ein Spa wurde eingerichtet und zwei Herzensprojekte des Direktors wurden verwirklicht: die Dachterrasse mit Blick über die Dächer der Stadt und den Weinkeller erlebbar zu machen. Bis 1914 war er der Kohlenkeller, seit mehr als 100 Jahren ist er die Schatzkammer des Hauses. Unter den Colonnaden, der Einkaufsstraße hinter dem Hotel, lagern dort um die 100 000 Wein- und Champagnerflaschen in einem Gesamtwert von mehr als zwei Millionen Euro. Die älteste Flasche, ein „Clos de la Roche, Reserve de la Maison", stammt aus dem Gründungsjahr 1897. Genießbar ist er nicht mehr, aber ein Zeitzeuge. Wenn man ihn nur zum Erzählen bringen könnte, so wie die Mauern des Hauses! ❖

Genussraum und Schatzkammer: Mehr als 100 000 Flaschen lagern auf etwa 500 Quadratmetern im Weinkeller

Optisch und geschmacklich ein kleines Festival: ein Abend im „Nikkei Nine"

Das Hotel
Wer Hamburg auf allerhöchstem Niveau, mittendrin und mit besten Aussichten erleben möchte, sollte in diesem Haus ein Zimmer mit Balkon zur Alster buchen.
●●●●◐
Neuer Jungfernstieg 9-14
www.hvj.de

Wohnhalle
Neun Restaurants und Bars beherbergt das „Vier Jahreszeiten", die Wohnhalle gilt als sein Herz. Viele Hamburger kommen für ein Club-Sandwich oder einen Kaffee vorbei, versinken in einem Sessel und genießen den Blick auf die Alster. Im Winter sehr beliebt: der Afternoon Tea.

Grill
Elemente der historischen Ausstattung sind geblieben, ansonsten ist das Restaurant seit September 2023 komplett renoviert. Immer auf der Karte: Fisch, Steak und der „Jahreszeiten Burger".

Restaurant Haerlin
Seit mehr als 20 Jahren kreiert und kocht Christoph Rüffer hier Menüs vom Allerfeinsten. Seine sechs Gänge sind immer passend zur Jahreszeit komponiert und von Küchen aus aller Welt inspiriert. Wer dazu die Weinbegleitung bestellt, kostet einen kleinen Ausschnitt der Schätze aus dem Keller.
●●●●◐

Nikkei Nine
Ceviche, Sushi, Gyoza, Ramen, Black Cod: Nicht nur die japanisch-peruanische Küche im „Nikkei Nine" ist ein Genuss, sondern auch das sehr stylishe Interieur.
●●◐

Café Condi
Es war Fritz Haerlin, der Sohn des Hotelgründers, der 1935 das Konditorei-Café eröffnete, das bis heute beliebter Treffpunkt vieler Hamburger mit Blick auf die Alster ist.

FOTOS: HOTEL VIER JAHRESZEITEN HAMBURG, GUIDO LEIFHELM/HOTEL VIER JAHRESZEITEN HAMBURG

●◐ Von Merian getestet ●◐ Von „Der Feinschmecker" getestet (s. S. 3)

Kilian Schönberger
Lockruf der Einsamkeit
Eine fotografische Sehnsuchtsreise
auf den Spuren von Caspar David Friedrich
192 Seiten, ca. 130 Fotos
ISBN: 978-3-8342-3399-8
45,00 €

Eine romantische Bilderreise durch Deutschland

Auf den Spuren von Caspar David Friedrich

Ein Interview mit Deutschlands beliebtestem Waldfotografen Kilian Schönberger zu seinem neuen Bildband „LOCKRUF DER EINSAMKEIT"

Dein Buch heißt „Lockruf der Einsamkeit". Was gefällt Dir am einsam sein auf Reisen?
Kilian Schönberger: Einsamkeit lässt viel Raum für Entdeckungen. Alleine bin ich anders unterwegs als in Gesellschaft. Das fängt damit an, dass der Zeitplan von der Natur vorgegeben wird, weniger von menschlichen Bedürfnissen wie festen Essenszeiten oder komfortablen Betten. Ich bin dann unterwegs, wenn die Natur spektakuläre Momente und Erlebnisse verspricht. Draußen ist Einsamkeit eine Möglichkeit, seine Umgebung mit allen Sinnen zu erleben. Auch wenn ich als Fotograf ein visuell denkender Mensch bin - die Naturerfahrungen wären ohne die restlichen Sinneswahrnehmungen nur halb so intensiv. Allein in die Wildnis einzutauchen ist eine meditative Erfahrung. Ein Abschied auf Zeit von der reizüberfluteten Alltagswelt. Wir müssen wieder lernen abzuschalten, um die Schönheit der kleinen Dinge genießen zu können.

Du bewegst Dich auf Deinen Reisen für Deinen neuesten Bildband auf den Spuren von Caspar David Friedrich, des wohl bekanntesten deutschen Malers der Romantik. Erinnerst du dich an deinen ersten Kontakt mit den Werken von Caspar David Friedrich?
Schönberger: Gefühlt war Caspar David Friedrich schon immer da. Zumindest der „Wanderer über dem Nebelmeer". An die erste konkrete Begegnung kann ich mich nicht erinnern. War es eine Darstellung in einem Kinderlexikon? Oder auf einer Briefmarke? Vielleicht war es auch eine Darstellung in einem Bildband zu den Landschaften der Neuen Bundesländer Anfang der 90er-Jahre. Als Kind war ich ein richtiger Bücherwurm und konnte mit Sachbüchern und Bildbänden Stunden verbringen. Jedenfalls waren für mich die Gemälde zunächst deutlich greifbarer als der Mensch Caspar David Friedrich. Seine Kunst war von Beginn an eine Inspirationsquelle für meine Fotografie und der ein oder andere Bildband zu Caspar David Friedrich steht schon lange in meinem Bücherregal.

Welches ist Dein liebstes Bild von Friedrich und warum?
Schönberger: „Das Eismeer" gehört seit mindestens zwei Jahrzehnten zu meinen Lieblingsgemälden überhaupt. Für ein Bild vom Beginn des 19. Jahrhunderts unheimlich innovativ und sprengt alle die bis dahin geltenden Konventionen der Landschaftsmalerei. Nichts mit klassischer arkadischer Landschaft und pastoraler Idylle. Ein zeitloses Bild, das über einen langen Zeitraum immer wieder betrachtet werden kann, ohne sich visuell abzunutzen. Es gibt viel Raum für eigene Interpretationen, weit über die mögliche Intention des Künstlers hinaus. Die kantigen Eisschollen erinnern mich manchmal an moderne Baustoffe wie geborstenen Beton oder Glas. Die Atmosphäre wirkt fast wie bei einer Unterwasseraufnahme. In der melancholischen Grundstimmung, getragen unter anderem vom etwas versteckten Schiffswrack, finde ich mich selbst wieder.

> **„Das Eismeer" gehört seit mindestens zwei Jahrzehnten zu meinen Lieblingsgemälden."**
> Kilian Schönberger

Wann fotografierst du am liebsten? Und wo?
Schönberger: Der Autor und Kunsthistoriker Florian Illies bezeichnete Caspar David Friedrich als „Meister der Dämmerung". Die Morgendämmerung ist auch meine favorisierte Tageszeit. Als Mittelgebirgskind habe ich eine intensive Beziehung zum Wald. In einigen Regionen wie im Bayerischen Wald, in den Nordalpen oder den Dolomiten kenne ich mich sehr gut aus und fühle mich dort daher fotografisch verwurzelt. Aber eigentlich ist das „Wo" gar nicht so ausschlaggebend für mein fotografisches Glück. Die Kombination aus Licht- und Wetterstimmung ist mir viel wichtiger.

Überall, wo es Bücher gibt und auf **holiday-books.de**

Fotos: Kilian Schönberger; Wikipedia/Hamburger Kunsthalle

So streng malte die mit ihm befreundete Künstlerin Caroline Bardua 1810 Caspar David Friedrich

Ein Maler-Star geht auf Tour

2024 wird das Jahr des Caspar David Friedrich. Hamburg, Berlin und Dresden feiern seinen 250. Geburtstag und sein Werk mit drei großen Schauen. Dafür reisen Gemälde durchs Land, die nur selten ihre angestammten Museen verlassen. MERIAN war vorab unterwegs und hat drei perfekte Friedrich-Wochenenden mitgebracht

VON ANTONIA AUST

FOTOS: AZOOR PHOTO/ALAMY, SIK-ISEA, ZÜRICH/PHILIPP HITZ

„Kreidefelsen auf Rügen“ (1818) hängt eigentlich im Kunst Museum Winterthur. Zur Jubiläumsausstellung reist es nach Hamburg

Ob er ihm gefehlt hat? „Eigentlich nicht“, sagt Markus Bertsch, Kurator der großen Caspar-David-Friedrich-Jubiläumsausstellung in der Hamburger Kunsthalle. „Das war eben der Deal, ansonsten hätte ich die Kreidefelsen nicht bekommen.“ Rund acht Monate musste die Hansestadt ohne eines ihrer berühmtesten Kunstwerke auskommen. „Der Wanderer über dem Nebelmeer“ (um 1817) von Caspar David Friedrich verbrachte den Großteil des Jahres 2023 erst im bayerischen Schweinfurt und dann in Winterthur in der Schweiz.

Pünktlich zum Ausstellungsbeginn von „Caspar David Friedrich – Kunst für eine neue Zeit“ am 15. Dezember ist das Gemälde zurück in der Hamburger Sammlung. Vor dem Kunsthistoriker Bertsch und den Friedrich-Werken, über die er wacht, liegt ein turbulentes Jahr: 2024 jährt sich der Geburtstag Caspar David Friedrichs zum 250. Mal, und dieses Jubiläum ➢

„Das Eismeer" (1823/24): Inspiriert vom Eisgang auf der Elbe steigerte Friedrich die Dimensionen ins Monumentale

nehmen die drei großen deutschen Friedrich-Städte Hamburg, Berlin und Dresden zum Anlass, den Maler-Star und ihre Sammlungen mit drei großen Ausstellungen zu feiern.

Caspar David Friedrich, geboren 1774 in Greifswald, ist der herausragende Maler der deutschen Romantik. Seine poetischen Landschaftsbilder, in denen der Mensch eher eine beobachtende Rolle einnimmt, rufen bis heute große Emotionen hervor. Das beobachtet Bertsch in Hamburg immer wieder, und das erlebt auch Birgit Verwiebe, Kuratorin an der Alten Nationalgalerie in Berlin, die wie die Hamburger Kunsthalle einer der Friedrich-Hotspots in Deutschland ist: „In dieser Kunst steckt etwas, das das Publikum in den Bann zieht. Man steht vor Friedrichs Bildern und betritt Räume, Landschaftsräume, Gedankenräume, Gefühlsräume. Es ist eben nicht nur die Wiedergabe einer gesehenen Landschaft, sondern Ahnungen und Emotionen schwingen mit."

Die Emotionen in seinen Werken wurzeln tief in der Biografie des Malers. Schon als kleiner Junge erlebt er, das sechste von zehn Kindern, schwere Schicksalsschläge. Die Mutter stirbt, als er gerade sieben Jahre alt ist, auch zwei Geschwister sterben früh, der Bruder Johann Christoffer kommt beim Versuch ums Leben, den 13-jährigen Caspar David zu retten, der beim Schlittschuhlaufen im Eis eingebrochen ist. Die Themen Tod, Vergänglichkeit und die Macht der Natur werden ihn ein Leben lang begleiten und sich in seinen Werken wiederfinden.

Caspar David Friedrich studiert an der renommierten Kunstakademie in Kopenhagen, anschließend zieht er nach Dresden. Von dort unternimmt er immer wieder Ausflüge in die Sächsische Schweiz, den Harz und an die heimische Ostseeküste. Die Zeichnungen, die er unterwegs anfertigt, legen den Grundstein für spätere Gemälde.

Zu Lebzeiten war sein Erfolg fragil

Nach zehn eher mühsamen Jahren in Dresden, in denen er oft schwermütig ist, verhilft ihm eine Ausstellung in Berlin endlich zum Erfolg. Neben dem preußischen König Friedrich Wilhelm III. gehört auch der russische Zar Nikolaus I. zu seinen Kunden.

Doch der Erfolg ist nicht von Dauer, die Romantik immer weniger en vogue, die seelischen Botschaften verfangen nicht mehr, der Realismus wird zur prägenden Kunstrichtung. 1835 erleidet Friedrich einen Schlaganfall, der ihn teilweise lähmt und seine Arbeit erschwert. 1840 stirbt er und wird auf dem Trinitatisfriedhof in Dresden beigesetzt. Dass Dresden eine Friedrich-Hauptstadt ist, ergibt sich schon aus dieser Biografie, doch auch Hamburg und Berlin gelten als Friedrich-Hauptstädte.

Berlin spielt für seine Karriere eine wichtige Rolle, dort beginnt der kommerzielle Erfolg des Malers mit der Berliner Akademieausstellung 1810, Friedrich Wilhelm III. erwirbt die Bilder „Mönch am Meer“ und „Abtei im Eichwald“. Nachdem Friedrichs Werke zum Ende seines Lebens an Popularität verloren haben, ist es wieder eine Ausstellung in Berlin, die ihn knapp 100 Jahre nach seiner Entdeckung posthum als bedeutenden Künstler etabliert.

Dass Hamburg eine wichtige Friedrich-Stadt ist, hängt weniger mit dem Leben und ➢

„Frau am Fenster“ und „Mondaufgang am Meer“ (beide 1822). „Der Wanderer über dem Nebelmeer“ (um 1817)

FOTOS: ELKE WALFORD/HAMBURGER KUNSTHALLE/BPK, JÖRG P. ANDERS/STAATLICHE MUSEEN ZU BERLIN, NATIONALGALERIE (2), ELKE WALFORD/SHK/HAMBURGER KUNSTHALLE/BPK

Wirken des Künstlers zusammen, als vielmehr mit Alfred Lichtwark, dem ersten Direktor der Hamburger Kunsthalle. Er begann schon früh, Friedrich-Werke für die Hamburger Sammlung zu akquirieren. Von dieser Weitsicht profitiert die Hamburger Kunsthalle mit ihren 17 Friedrich-Gemälden und etwa 60 Zeichnungen bis heute.

Drei Sammlungen, die sich ergänzen

Die drei Friedrich-Hauptstädte präsentieren in den großen Jubiläumsschauen nicht nur ihre eigenen Sammlungen. Eine ungewöhnlich großzügige Tauschpolitik und aufeinander abgestimmte Ausstellungszeiträume ermöglichen es, Werke nebeneinander zu präsentieren, die es sonst nur selten in denselben Raum schaffen. „Es ist alles ungewöhnlich: der Künstler, die Ausstellungen und wie sich die Museen bei diesem Jubiläum mit Leihgaben unterstützen", sagt Kuratorin Verwiebe. So darf in einer großen Ausnahme der „Mönch am Meer" von Berlin zeitweilig nach Hamburg umziehen, ebenso wie das Gemälde „Der Watzmann", das mit einer Breite von fast zwei Metern ein selten großformatiger Friedrich ist. Berlin wird im Gegenzug „Das Eismeer" aus Hamburg erhalten, das besonders fragil ist und deshalb normalerweise nicht verliehen wird. „Der Wanderer über dem Nebelmeer" wird Hamburg erneut verlassen und die Dresdener Friedrich-Ausstellung im Albertinum bereichern, im Gegenzug schickt Dresden das Bild „Zwei Männer in Betrachtung des Mondes" nach Hamburg. Trotz der Überschneidungen werden drei unterschiedliche Friedrich-Schauen zu sehen sein.

Den Anfang des Caspar-David-Friedrich-Jahres macht die Hamburger Kunsthalle schon im Dezember 2023. Die Ausstellung konzentriert sich auf das Verhältnis zwischen Mensch und Natur und führt durch die frühen Naturstudien hin zu den großen Werken, wie dem „Wanderer über dem Nebelmeer" und dem „Eismeer". „Er hat eine Landschaftskunst geschaffen, die an unser Gefühl appelliert", fasst Markus Bertsch die Anziehungskraft der berühmten Friedrich-Bilder zusammen.

Die Alte Nationalgalerie in Berlin arbeitet mit dem Kupferstichkabinett der Staatlichen Museen zu Berlin zusammen und nähert sich Friedrich von drei verschiedenen Seiten. Neben einer Betrachtung seiner Bilderpaare und neuester Forschungsergebnisse über die Maltechnik des Künstlers wird auch die Berliner Friedrich-Geschichte beleuchtet. Dabei nimmt sie Bezug auf die bedeutende Schau 1810 und die „Deutsche Jahrhundertausstellung" 1906, die als Friedrichs Wiederentdeckung gilt.

In Dresden findet dann das Finale des Caspar-David-Friedrich-Jahres statt. Dort wird es zwei Ausstellungen geben. Im Residenzschloss zeigt das Kupferstichkabinett die empfindlichen Zeichnungen und Aquarelle und analysiert den Werkprozess des Künstlers. Ein besonderer Schatz: die Vorzeichnung für den „Wanderer über dem Nebelmeer". Sie wird in diesem Jahr nach Hamburg reisen, um dem Gemälde beizuwohnen und den Werkprozess Friedrichs an diesem ikonischen Bild zu verdeutlichen. Später im Jubiläumsjahr wird sie in Dresden zu sehen sein, wohin wiederum das Gemälde aus Hamburg reisen wird. Das Albertinum bettet die Gemälde Friedrichs in ihre zeitgenössische Umgebung ein. Hauptmotiv für die Ausstellung und ein besonders wichtiges Werk für die Dresdner Sammlung ist „Das Große Gehege bei Dresden". Dieses Gemälde reist nicht, wer es sehen will, muss nach Dresden kommen.

Auch international ein Hingucker

Ein paar Lücken werden aber bleiben, manch wichtiges Friedrich-Werk wird auf keiner der Jubiläumsausstellungen zu bewundern sein, denn einige befinden sich in Russland und können wegen des Angriffskrieges nicht geliehen werden. Dafür reisen andere sogar über den Atlantik. 2025 zeigt das Metropolitan Museum of Art eine große Caspar-David-Friedrich-Retrospektive. Einige Bilder werden dann auch aus Hamburg, Berlin und Dresden anreisen. Besonders empfindliche Werke wie „Das Eismeer" oder „Der Mönch am Meer" werden den weiten Weg allerdings nicht auf sich nehmen können. Sie erlebt man nur in den deutschen Friedrich-Hauptstädten. ❖

„Mönch am Meer" (1808-1810). Unten: „Blick aus dem Kapitelsaal der Klosterruine Heilig Kreuz bei Meißen" (um 1824) und „Auf einem Felsen sitzende Frau" (1801)

FOTOS: ANDRES KILGE/STAATLICHE MUSEEN ZU BERLIN, NATIONALGALERIE, HERBERT BOSWANK/SKD, ESTEL/KLUT/SKD

Eine Landschaftskunst, die bei Betrachtern Emotionen weckt

Hamburg

„Caspar David Friedrich. Kunst für eine neue Zeit“: 15. Dezember 2023 - 1. April 2024 in der Hamburger Kunsthalle.

Glockengießerwall 5
www.hamburger-kunsthalle.de

Hotels

Louis C. Jacob
Ein Traditionshotel in Traumlage. Klassisch hanseatische Atmosphäre an der Elbchaussee, die schon Max Liebermann inspirierte. Das entsprechende Ölgemälde der Lindenterrasse lässt sich in der Hamburger Kunsthalle bewundern, eine zweite Ansicht hängt in der Wohnhalle des Hotels. Ein Künstler für sich ist Küchenchef Thomas Martin. ●●●●

Elbchaussee 401-403
www.hotel-jacob.de

Tortue
Das Designhotel in den wunderschön restaurierten Stadthöfen ist im französischen Art-déco-Stil gehalten und bietet neben den eleganten Bars auch drei Top-Restaurants und eine herrliche Dachterrasse für Hausgäste. Tipp: Das Frühstück nicht verpassen!
●●●

Stadthausbrücke 10
www.tortue.de

The Westin
Übernachten im Wahrzeichen! Das Hotel hat 244 Zimmer und Suiten in den oberen Etagen der Elbphilharmonie. Die Aussicht auf den Hafen und die Stadt ist unschlagbar, vor allem aus den bodentiefen Fenstern der Ecksuiten. Für Entspannung sorgt das großzügige Heavenly Spa.
●●●

Platz der Deutschen Einheit 2, www.marriott.com

Restaurants

Bianc
Sternekoch Matteo Ferrantino bringt mediterrane Lebensfreude in seinen großen, hellen Gastraum in der Hafencity. ⬢⬢⬢⬢

Am Sandtorkai 50
www.bianc.de

Fischereihafen Restaurant
Eine echte Hamburger Institution. Traditionell norddeutsche Küche mit modernen Elementen, sprich klassische Seezunge oder Sushi in gediegenem Ambiente.
⬢⬢

Große Elbstr. 143, www.fischereihafenrestaurant.de

Cuneo
Hamburgs ältester Italiener ist noch immer in Familienhand. Bei Franca Cuneo auf St. Pauli treffen sich Kiezgrößen, Touristen und Stammgäste auf Augenhöhe. Ein Klassiker auf der Karte sind die Ravioli nach Tante Rosas Rezept, dazu gibt es gemütliches Gedränge und italienische Klassiker aus der Jukebox.

Davidstr. 11
www.cuneo1905.de

Bars

Le Lion
Der Inbegriff gediegener Barkultur, gleich um die Ecke vom Rathaus. Für den Einlass muss man klingeln – und ein bisschen Glück haben, oft ist die Bar schon voll. Tipp: Unbedingt den Gin Basil Smash bestellen, hier wurde er erfunden.

Rathausstr. 3
www.lelion.net

Clouds – Heaven's Nest
Eine der besten Aussichten über Hamburgs Amüsierviertel St. Pauli und den Hafen hat man von der Dachterrasse der Tanzenden Türme ganz am Anfang der Reeperbahn.

Reeperbahn 1
www.clouds-hamburg.de/rooftop

Pallas
In der Sternschanze tobt das Leben. Ganz vorne mit dabei: das „Pallas“. Ein Bar-Club-Konzept in coolem Design mit guten Drinks, Musik und ausgelassener Partystimmung.

Neuer Pferdemarkt 13
www.pallas.world

Berlin

„Caspar David Friedrich. Unendliche Landschaften“: 19. April 2024 - 4. August 2024 in der Alten Nationalgalerie.

Bodestraße
www.smb.museum

Hotels

Château Royal
Eine Hommage an Berlins Geschichte und dabei ganz eigen und modern. Die Zimmer des noch recht neuen Boutique-Hotels (2022 eröffnet) wirken eher wie die Räume einer coolen Berliner Privatwohnung als wie die eines Hotels. Den besonderen Touch geben die etwa 100 Arbeiten zeitgenössischer Künstler wie Alicja Kwade und Cosima von Bonin. Neben den Hotel-Betreibern Stephan Landwehr und Moritz Estermann, die auch am „Grill Royal“ beteiligt sind, verwirklicht die isländische Köchin Victoria Elíasdóttir hier ihre eigene Interpretation von gehobener Küche.

Neustädtische Kirchstr. 3
www.chateauroyal-berlin.com

Sir Savigny
Inspiriert von seiner Nachbarschaft im Literaturviertel am Savignyplatz ist das Boutiquehotel ein gemütlicher und gleichzeitig stylisher Rückzugsort in Charlottenburg. Das Design mit seinen dunklen Farben, grünem Samt und goldfarbenen Art-déco-Elementen greift die Roaring Twenties auf und strahlt dabei genau das richtige Maß an Dekadenz aus: Es ist glamourös, aber auch gemütlich.

Kantstr. 144
www.sirhotels.com

Orania.Berlin
In einem denkmalgeschützten Eckgebäude mitten in Kreuzberg hat sich das Hotel „Orania“ niedergelassen. Die 41 Zimmer und Suiten sind in einem gemütlichen, retro-asiatisch angehauchten Design gestaltet und im Restaurant „Orania“ kredenzt Philipp Vogel seinen Gästen seine legendäre Peking-Ente. Wo schon um 1912 das „Café Oranienpalast“ Kabarettvorstellungen zeigte, bietet das „Orania“ heute Berliner Künstlern eine Bühne.

Oranienstr. 40
www.orania.berlin

Restaurants

Lovis Restaurant
Kreative, moderne Küche in einer ganz besonderen Location: Wer hätte gedacht, dass es in einem ehemaligen Frauengefängnis mal so schön sein könnte. Inmitten von Backstein, Glas und versteckten Grünflächen fühlt man sich wie in einer geheimen Oase. Wer von der einmaligen Atmosphäre nicht genug bekommt, kann auch direkt im angrenzenden Designhotel „Wilmina“ übernachten. ⬢⬢⬡

Kantstr. 79
www.lovisrestaurant.com

Strahlendes Wahrzeichen: Das Brandenburger Tor ist Berlins einziges noch erhaltenes Stadttor

893 Ryōtei
Leicht zu übersehen, aber schwer zu vergessen: Das „893 Ryōtei“ von Starkoch The Duc Ngo versteckt seine kreative japanische Fusion-Küche und das coole Design hinter einer mit Graffiti besprühten Fassade – very hip, very Berlin!
Kantstr. 135
www.893ryotei.de

Osmans Töchter
Berlin wäre nicht Berlin ohne seine große türkischstämmige Community. Die und alle anderen Berliner treffen sich gerne bei Arzu und Lale, den besagten Töchtern. Im Prenzlauer Berg servieren sie traditionelle levantinische Küche mit einem modernen Twist und ganz viel Herz.
Pappelallee 15
www.osmanstoechter.de

Bars

Bar Tausend
Hinter einer unscheinbaren Eisentür unter einer U-Bahn-Brücke nahe dem Bahnhof Friedrichstraße tut sich eine eigene, sehr szenige Welt auf: mit guten Drinks, Musik, Kunst und Partystimmung. In der „Bar Tausend“ wurden auch Szenen der Erfolgsserie „Babylon Berlin“ gedreht.
Schiffbauerdamm 11
www.tausendberlin.com

Velvet Bar
Für Ausgehkultur am Puls der Stadt muss man nach Neukölln. Hier wurde die Cocktailbar „Velvet“ gerade zum zweiten Mal zur „Bar des Jahres“ gekürt. Die ausgezeichneten Drinks wechseln immer wieder und werden aus saisonalen Zutaten kreiert.
Ganghoferstr. 1
www.velvet-bar-berlin.de

FOTOS: DAGMAR SCHWELLE, TOMY HEYDUCK (DML-BY)

Galander
Barkultur mit Stil und Wärme findet man im „Galander“ Charlottenburg. Nur wenig erinnert an die Rotlicht-Vergangenheit der Adresse, eher fühlt man sich ins Berlin der Goldenen Zwanziger versetzt.
Stuttgarter Platz 15
www.galander.berlin

Dresden

„Caspar David Friedrich. Wo alles begann“: 24. August 2024 - 17. November 2024 im Kupferstichkabinett im Residenzschloss und 24. August 2024 - 05. Januar 2025 im Albertinum.
Taschenberg 2 und Tzschirnerplatz 2
www.skd.museum

Hotels

Hotel Taschenbergpalais Kempinski
Nach 1945 stand das historische Taschenbergpalais in Ruinen, wurde dann denkmalgerecht wieder aufgebaut und ist seit 1995 die Adresse für oberste Hotel-Klasse in Dresden. Im Frühjahr 2024 wird es nach umfangreicher Renovierung wieder eröffnen. Die Lage vis-à-vis dem Residenzschloss, der Gemäldegalerie und dem Zwinger könnte kaum herrschaftlicher sein.
Taschenberg 3
www.kempinski.com

Hotel Bülow Palais
In der Inneren Neustadt, mitten im Barockviertel, liegt das Relais & Châteaux-Hotel „Bülow Palais“. Die persönliche Handschrift der Eigentümer zeigt sich im dunklen Holz, in den goldfarbenen Akzenten und den warmen Farben. Ruhig gelegen, aber doch mittendrin: Zur Elbe und zur Semperoper ist es nur ein kurzer Spaziergang.
Königstr.14
www.buelow-palais.de

Dresdens berühmte Kuppeln: rechts die der Frauenkirche, links die des Lipsiusbaus, „Zitronenpresse“ genannt

Gewandhaus Dresden, Autograph Collection
Klassische Architektur trifft auf Moderne. Brokat und Plüsch sucht man hier vergeblich, stattdessen ist das historische Gebäude mit hellen Farben und modernen Linien gestaltet. Ein Luxushotel mit Manufakturcharakter, gleich beim Dresdner Rathaus.
Ringstr. 1
www.gewandhaus-hotel.de

Restaurants

Genuss-Atelier
Im gemütlichen Kellergewölbe einer alten Villa in Dresdens Neustadt servieren die Geschwister Marcus und Nicole Blonkowski raffinierte Sterneküche als Menü oder à la carte.
Bautzner Str. 149
www.genuss-atelier.net

Lila Soße
Ein bisschen Kunst, ein bisschen Kneipe und ganz viel Geschmack steckt in der jungen deutschen Küche des Restaurants „Lila Soße“. Die Gerichte kommen auch gerne mal stilecht im Weck-Glas.
Alaunstr. 70
www.lilasosse.de

Alte Meister
Freundliches Restaurant für Lunch und Dinner. Die Terrasse direkt am Zwinger bietet einen schönen Blick auf die Semperoper.
Theaterplatz 1a
www.altemeister.net

Bars

HERZ American Bar
Mit großer Expertise und ganz viel Leidenschaft hat Stephan Herz, früher Barkeeper in Münchens berühmter „Schumann's Bar“, die klassische Bar im Dresdner Barockviertel eröffnet. Seitdem gibt es hier exzellente Drinks in bodenständig-stylishem Ambiente.
Wallgäßchen 4
www.herz.bar

Lingnerterrassen
Was für eine Kulisse! Der Biergarten am Elbhang bietet Traumblicke in alle Himmelsrichtungen. Vorne fließt die Elbe, dahinter zeigt sich Dresden von seiner schönsten Seite, und direkt daneben thront das klassizistische Lingnerschloss.
Bautzner Str. 132
www.lingnerterrassen.de

Blue Note Jazzclub
Gemütlich, ein bisschen schummrig, mal wild und mal melancholisch ist es im „Blue Note“. Genau so, wie es sich für einen Jazzclub gehört.
Görlitzer Str. 2b
www.jazzdepartment.com

Buch-Tipp

„Lockruf der Einsamkeit“ von Kilian Schönberger
Seine wildromantischen Naturaufnahmen sind von den Werken Caspar David Friedrichs inspiriert. In seinem Bildband stellt Fotograf Kilian Schönberger bewusst den Bezug her (192 S.).

Das Buch erscheint am 2. November 2023 beim Gräfe und Unzer Verlag

Von Merian getestet   Von „Der Feinschmecker“ getestet (s. S. 3)

MERIAN GOURMET-GUIDE
VON OLAF DEHARDE

Dubai: Einmal alles, bitte!

Die Boom-Stadt ist zu einem Eldorado der Spitzenköche geworden, Restaurants und Bars, Cafés und Imbisse bieten kulinarische Erlebnisse auf allerhöchstem Niveau. MERIAN-Autor und Fotograf Olaf Deharde ging auf Entdeckungstour und brachte die besten Genuss-Adressen mit

BESTES VOM BALKAN
Frittierte Zucchini und Blätterteig-Schnecken sollte man im „21grams“ der Serbin Stasha Toncev unbedingt probieren. Links: Blick aus dem „Mimi Kakushi“ auf den nadelförmigen Burj Khalifa

DER PERFEKTE SPEISEPLAN

Lokale Delikatessen im „Arabian Tea House" in der Altstadt frühstücken (o.) und abends frittierte Fische im „Ibn Albahr" (u.) im Stadtviertel Palm Jumeirah (l.) genießen

Pause im Kultur-Quartier Alserkal Avenue: Olaf Deharde war mehrere Tage unterwegs in Dubais Food-Szene – und kam voller Begeisterung mit vielen Geheimtipps zurück

Klassiker

IBN ALBAHR

Bestes Seafood und libanesische Vorspeisen in entspannter Atmosphäre direkt am Wasser: Das „Ibn Albahr" ist ein beliebter Treff für Familien und die ganze Nachbarschaft in Dubais teuerem Stadtviertel Palm Jumeirah. Den Petersilien-Salat Tabbouleh sollte man hier ebenso probieren wie Hummus, das rauchig-cremige Auberginenpüree Moutabbal und eine Auswahl an Meeresfrüchten. Sehr gut ist auch der frische Fisch, etwa der Hammour, der in Perfektion auf Holzkohle gegrillt wird. Dazu lässt man sich einen Wein von der sorgfältig kuratierten Weinkarte empfehlen.

Club Vista Mare, Palm Jumeirah
www.ibnalbahr.me

RAVI

Seit 1978 gibt es dieses pakistanische Restaurant, längst hat es in Dubai Legendenstatus. Bekannt ist es für leckeres Biryani, Butter Chicken, Kebabs und die frisch gebackenen Naan-Brote. Prominente, Sterneköche, Touristen und Einheimische – sie alle lieben diesen Laden auch wegen seiner ungezwungenen Atmosphäre. Nun hat sogar Adidas einen eigenen Ravi-Turnschuh auf den Markt gebracht. Trotz all dieses Hypes sind sich die vielen Stammkunden einig: „Ravi is still the best."

245 Al Dhiyafa Rd, Al Satwa, www.facebook.com/ravirestaurantsuae

Jenseits der Wolkenkratzer: Vor der Altstadt gleiten Daus, traditionelle arabische Boote, über den Meeresarm Dubai Creek

➢

Seafood-Kreation: Diesen Oktopus-Arm hat das Küchenteam des „11 Woodfire" auf Artischockenpüree angerichtet

NIGHTJAR

Die erfahrenen Meister der Kaffeerösterei „Nightjar" veredeln sorgfältig ausgewählte Kaffeebohnen aus aller Welt. Zubereitet werden Espresso oder Cappuccino, aber auch Cold Brew. Der neueste Trend: Nitro-Coffee – mit Stickstoff versetzter Cold Brew mit Schaumkrone.

Alserkal Ave, Arts & Cultural District, Warehouse G62, Industrial Area 1, Al Quoz, www.nightjar.coffee

Kaffee, Tee & Kuchen

ARABIAN TEA HOUSE

Das Teehaus, in den 1920er Jahren von einem Perlenhändler erbaut, liegt im historischen Viertel Al Fahidi und ist von einem mit Bäumen und Teichen gestalteten Hof umgeben. Von den vielen Teesorten ist der Chai Karak, eine Mischung aus Schwarztee, Kardamom, Zimt und Nelken, besonders beliebt. Das Gericht Balaleet, gekochte Vermicelli mit Kardamom, Zimt und Safran, gehört dort ebenso zum Frühstück wie der cremigste Hummus der Stadt. Mein Tipp: die Minz-Limonade.

Al Fahidi St, Bur Dubai
www.arabianteahouse.com

AL SAMADI SWEETS

In der libanesischen Konditorei bekommt man traditionelle arabische Backwaren in bester Qualität. Das Baklava schmeckt himmlisch, die Kunafa aus Engelshaar, Käse, Zuckersirup und Pistazien wahrlich galaktisch – knusprig, süß, nussig und salzig.

48 Al Muraqqabat St, Deira
https://alsamadisweets.ae

Auf kulinarischer Weltreise

3FILS

Das Restaurant liegt direkt an der Marina. Aus der Küche kommen dort kleine Kunstwerke, allesamt intensiv im Geschmack, von frischen Sashimi- und Sushi-Variationen über Dumplings, Tempura-Gerichte bis hin zu gegrilltem Fleisch und Meeresfrüchten. Besonders zu empfehlen sind der Spicy Tuna, das peruanische Ceviche, Wagyu Beef mit Kaviar, der Trüffel-Burger und das Dessert „African Powerhouse" aus ghanaischer Dunkelschokolade und Madagaskar-Vanilleeis. Alkoholfreie Drinks wie die Kombination aus Earl Grey, Guave und Thymian passen perfekt dazu.

Jumeirah Fishing Harbour
Shop 02, 1 Al Urouba St, Jumeirah 2
www.3fils.com

ORFALI BROS

Die drei Orfali-Brüder aus Syrien haben in Dubai eine grandiose Geschichte geschrieben: Mittellos und ohne ein Wort Englisch zu sprechen kamen sie 2006 ➤

SCHMELZTIEGEL
In Dubai leben Menschen aus rund 200 Nationen: Mezze gibt es bei den Orfali-Brüdern aus Aleppo (l.), Balkanküche wie Ajvar und Tzatziki im „21grams" (r.) und Sushi im „Mimi Kakushi" (u. l.). Der Pakistaner „Ravi" gilt als Institution

„Ravi" ist seit 45 Jahren in der Stadt und genießt inmitten der vielen Newcomer aus aller Welt längst Legendenstatus

Von der Rooftop-Bar „Cloud 22“ im Hotel „Atlantis The Royal“ reicht der Blick weit über das Viertel Palm Jumeirah hinaus. Das Haus der Superlative hat allein 16 weitere Bars

nach Dubai, 17 Jahre später gehören sie dort und weit über Dubai hinaus zu den Stars der levantinischen Küche. Gerichte wie „Come with me to Aleppo“, Kebap vom Wagyu-Rind mit Sauerkirschen, Zimt und Pinienkernen sind ihre Interpretation der Küche ihrer Heimat. Ihr Restaurant hat auch eine eigene Patisserie, die Köstlichkeiten aus Pistazien, Schokolade und Früchten kreiert.

Al Wasl Rd, Jumeirah 1
www.orfalibros.com

MIMI KAKUSHI

Im „Four Seasons Resort“ am Jumeirah Beach geht es rein ins Osaka der 1920er Jahre: Swing und Jazz meets Tempura, Sushi und Sashimi! Dieses stimmungsvolle japanische Restaurant, benannt nach einem typischen Bob-Haarschnitt der 1920er, gilt als eines der besten in Dubai. Der Service hat auf jede spezielle Frage in Sachen Zutaten, Zubereitung und Geschichte eine Antwort. Die Wein- und Sake-Auswahl ist vom Feinsten. Und der Sushi-Chef ein Star in Dubai. Tipp: Samstags und sonntags wird zum Brunch geladen!

Four Seasons Resort, Jumeirah Beach Rd, Jumeirah 2 , www.mimikakushi.ae

DINNER BY HESTON BLUMENTHAL

Der Engländer Heston Blumenthal, weltweit bekannter Sternekoch, TV-Star und Innovationstreiber, kocht sich hier durch die kulinarische Geschichte Großbritanniens. Die Räume seines Restaurants im Hotel „Atlantis The Royal“ sind schlicht, edel ➢

und dunkel gehalten – eine perfekte Bühne für das Geschmacksspektakel: Stickstoff-Eis am Tisch zubereitet, die legendäre Meat-Fruit, die geröstete Ananas. Was auch immer Sie hier probieren, es wird eine Offenbarung sein!

Atlantis The Royal, Crescent Rd Palm Jumeirah, www.atlantis.com

21GRAMS

Als Stasha Toncev vor sechs Jahren mit der Idee eines Balkan-Bistros mit nur 25 Sitzplätzen an den Start ging, hat niemand an sie geglaubt. Heute gehört sie zu den wenigen erfolgreichen Frauen in Dubais Gastronomie. Ihre Gerichte sind simpel und durchdacht. Empfehlung: der *burnt eggplant hummus* und die frittierten Zucchini. Das Highlight in Stashas Menü sind und bleiben aber die Cevapi vom Wagyu-Rind mit eingelegten Zwiebeln.

Meyan Mall, Floor 2
Al Thanya St, Umm Suqeim 2
www.21grams.me

TRÈSIND

In Dubai drängen sich indische Restaurants dicht an dicht. Die indische Küche „Next Level" gibt es im Luxusresort „One&Only Royal Mirage". Das Premium-Chef-Menü, vor allem in der vegetarischen Ausführung, ist unfassbar gut. Allein die Köfte aus Jackfruit suchen ihresgleichen.

King Salman Bin Abdulaziz Al Saud St, Marina, Palm Jumeirah 1
www.tresind.com

MOONRISE

Ganze zwölf Plätze bekocht der junge Senkrechtstarter Solemann Haddad. Das Menü nimmt die Geschmacksnerven mit auf eine Weltreise: japanische Präzision, französische Koch-Skills und ostmediterrane Gewürze.

Eden House, 41 St, Al Satwa
www.moon-rise.xyz

11 WOODFIRE

In diesem Sternerestaurant wird ausschließlich auf offe- ➢

Diese Kreationen sind extrem angesagt: der Nitro-Coffee im „Nightjar", ein mit Stickstoff versetzter Cold Brew. Und die Mezze der Orfali Bros, etwa die „Maisbombe"

FOTOS: BRANDON BARRÉ PHOTOGRAPHY, OLAF DEHARDE (2)

nem Feuer gekocht, der USP der Gerichte, etwa Oktopus oder Wagyu-Steaks, ist eine leichte Rauchnote. Die schmeckt etwa als Kombination „Burnt Cheesecake“ extrem gut. Die Getränkebegleitung ist alkoholfrei.

Villa 11, 75B St, Jumeirah 1
www.11woodfire.com

Unkompliziert

THE MAINE OYSTER BAR

Joey Ghazal aus Montreal hat die Brasserie vor fast zehn Jahren eröffnet – und inzwischen mehrere Ableger. Meine Empfehlung: die Austern des Tages in Kombination mit dem Cocktail Bloody Shell.

Ground Floor, The DoubleTree by Hilton, Marina, www.themaine.ae

MATTAR FARM

Der erste arabische Grillmeister Hattem Mattar räuchert seit 2005 alles außer Schwein – zum Beispiel Rinderbrust, ein Barbecue-Klassiker aus Texas. Damit ist der Ägypter ziemlich erfolgreich.

Al Wasl Rd, www.mattarfarm.com

KINOYA

Tipps von Locals sind ja oft die besten. Dieser kam von Stasha Toncev, der Besitzerin des Balkan-Bistros „21grams“ (s. S. 141). Im recht simplen „Kinoya“ bekommt man die besten Ramen weit und breit.

The Onyx Tower 2, Sheikh Zayed Rd, next to Zabeel House Hotel
https://kinoya.com

ALMASHAWI ALHALABYA (ALEPPO GRILLS)

Noch ein Geheimtipp: Wenn Mohammad Orfali jenseits seines Restaurants „Orfali Bros“ in kulinarischen Erinnerungen schwelgen möchte, zieht es ihn in den „Aleppo Grill“. Der Kebap dort, sagt er, sei so gut wie in seiner Heimat Syrien.

Al Barsha 1, www.aleppo-grills.com

CAFE ISAN

Hier geht die Reise nach Thailand. Ob Laab Gai, Papaya-Salat oder mein absoluter Favorit Kra Pao (ein Wok-Gericht mit Hackfleisch): In jeder Speise stecken Liebe und Sorgfalt. Und dafür gab es zu Recht zahlreiche Auszeichnungen.

Armada Avenue Hotel, Cluster P, Jumeirah Lake Towers, www.cafeisan.co

Bars

GALAXY BAR

Der Name ist Programm: Hier kann man fremde Galaxien im Geschmacksuniversum entdecken. Die preisgekrönte Bar spielt mit den Sternenbildern und Aromen etwa von Metaxa, Kapern und Feta.

Unit C01, Gate Village, Building 9 DIFC, www.galaxy-bar.com

HONEYCOMB HIFI

Geheimtipp ohne Bling-Bling für Vinyl- und Cocktail-Fans. Versteckt hinter einem Plattenladen liegt eine der kleinsten und besten Bars der Stadt. Die Drinks werden aus ungewöhnlichen Zutaten wie koreanischem Reis-Schnaps, Ananas-Essig, Sudachi oder Yuzu (beides japanische Zitrusfrüchte) gemixt. Wenn DJ-Sets angekündigt sind, wird es schnell voll. ❖

Pullman Dubai Downtown
Marasi Drive
www.pullmandubaidowntown.com

ASIATISCHE FUSION-KÜCHE
Akmal Anuar verkaufte als Kind in seinem Heimatdorf Streetfood. Nach ersten Erfolgen in Singapur zog er 2014 nach Dubai. Vergangenes Jahr eröffnete er das „11 Woodfire“ – und erhielt direkt einen Michelin-Stern

Alle Dubai-Tipps auf einer kuratierten Karte bei Google Maps

Anreise

Zum Beispiel Direktflug ab Frankfurt/M. und Hamburg mit Emirates. Tipp: Wer am Terminal 3 in Dubai ankommt, kann sich mit einem biometrischen Bild für die Smart Gates registrieren, statt am Einreiseschalter anzustehen.
www.dubaiairports.ae

Hotels

ATLANTIS THE ROYAL
Das im Januar eröffnete Hotel ist Dubais neues Haus der Superlative mit 693 Zimmern, 102 Suiten, 17 Bars, Cafés und Restaurants (darunter das „Dinner by Heston Blumenthal") und einem Sky-Pool in 95 Meter Höhe. Im hauseigenen Aquarium können Gäste auf Tauchgang gehen.
Crescent Rd, Palm Jumeirah, www.atlantis.com

Mysk Moon Retreat
Wer Ruhe sucht, findet sie beim Glamping in der Wüste. Die luxuriösen Iglo-Zelte sind einen Abstecher wert.
Al Shuwaib, Umm Al Quwain Rd, Sharjah
www.myskhotels.com

25hours
Hier fühlt sich das junge Party-Volk wohl. Die „Monkey Bar" direkt am Pool gibt den Blick auf das ellipsenförmige Museum of the Future frei.
Trade Centre St
off Sheikh Zayed Rd
www.25hours-hotels.com

Erlebnisse

Burj Khalifa
In dem mit 828 Metern höchsten Gebäude der Welt kann man zwei Aussichtsplattformen besuchen: „At the Top" in der 124. und 125. Etage oder die in der 148. Etage auf 555 Metern. Tickets (ab ca. 40 Euro) kauft man vorab online. Auch wer ein teureres „Skip the Line"-Ticket kauft: Zu Wartezeiten am Lift kann es zu beliebten Zeiten trotzdem kommen.
www.visitdubai.com

Wüste bei Nacht
Nach einem Drei-Gänge-Menü in einem Beduinencamp lernt man, wie dieses extreme Biom zum Leben erwacht. Ein Astronom zeigt den Gästen mit einem Teleskop den Himmel. Eine andere Tour des Anbieters führt bei Tag in das Desert Conservation Reserve, wo Antilopen leben.
www.platinum-heritage.com

Aura Skypool
Der Infinitypool nahe der Marina reicht einmal um einen 52 Stockwerke hohen Wolkenkratzer. Tickets für Zeitfenster und Sonnenliegen bucht man auch hier im Voraus.
www.auraskypool.com

»Die haben was vor«

„Tagesschau"-Sprecher **Constantin Schreiber** kennt Dubai und Umgebung seit fast 25 Jahren. MERIAN verriet er, warum er immer wieder hinfährt

Mehr Herzensorte und Wege durch die Boom-Stadt: in Constantin Schreibers Buch „Nice to meet you, Dubai!"
Polyglott, 2022
192 Seiten

MERIAN *Was fasziniert Sie so an Dubai?*
CONSTANTIN SCHREIBER Der Optimismus und die Begeisterungsfähigkeit der Menschen. Das spürt man gerade jetzt, wenn man aus dem eher zukunftsskeptischen Deutschland kommt. Davon ist in Dubai nichts zu spüren. Es herrscht dort immer Aufbruch und eine Dynamik, die ansteckend wirkt. Sicherlich ist dieses ungebremste Wachstum, was den Klimawandel und die Menschenrechte betrifft, aber auch sehr kritisch zu beurteilen.

Wie hat sich Dubai seit Ihrem ersten Besuch 1999 verändert?
Bis auf ganz wenige Hochhäuser und Hotels gab es damals nichts, kein Glitzern und Funkeln. Sie fingen gerade an, die Dubai Marina auszuheben – ein paar Löcher im Wüstensand. Und die Einheimischen waren viel sichtbarer als heute. Alles war sehr viel arabischer und schlichter. Aber es war damals schon zu spüren: Die haben was vor.

Heute sind von rund drei Millionen Einwohnern etwa 85 Prozent Ausländer. Wenn man aber auch mal Emiratis kennenlernen möchte, wo geht das am besten?
Das ist schwierig, weil sie sehr für sich bleiben, auch aus Sorge, die eigene Identität und Kultur zu verlieren. Aber es gibt ein paar Berührungspunkte, zum Beispiel in den Galerien und Museen in Al Shindagha, der nachgebauten Altstadt abseits der Hochhausschluchten. Dieses Viertel ist sehr idyllisch, auch wenn nicht alles original ist.

Wie bewegt man sich am besten durch die Stadt? Dubai ist für seine vielspurigen Autobahnknoten und Staus bekannt.
Manchmal bleibt einem nichts anderes übrig, als mit einem Leihwagen oder Taxi zu fahren. Aber inzwischen gibt es auch eine sehr moderne Metro mit verschiedenen Linien. Es ist empfehlenswert, da mal mitzufahren, etwa von der Marina bis in die Altstadt. Die Trassen führen überirdisch durch die Stadt, das ist ein bisschen wie eine Stadtrundfahrt, weil man auch an Sehenswürdigkeiten wie dem Burj Khalifa und dem Burj Al Arab vorbeikommt. Busse dagegen sind oft wahnsinnig überfüllt.

Was sollte man nicht verpassen in Dubai?
Auch wenn es ein bisschen kitschig ist: eine Fahrt mit einer Dau, einem traditionellen Segelboot, auf dem Creek. Das hat was, gerade abends, wenn der Muezzin ruft und eine Brise vom Meer weht.

Und wenn man noch mehr von den Emiraten sehen möchte?
Auf jeden Fall sehenswert ist Abu Dhabi mit der wahnsinnig beeindruckenden Sheikh-Zayed-Moschee, dem „Emirates Palace Hotel", eine Art Versailles in der Wüste, und dem Louvre Abu Dhabi. Von Dubai aus ist man in gut einer Stunde dort.

Braucht man dafür ein Visum?
Nein, man merkt oft gar nicht, dass man von einem Emirat ins andere fährt. Wobei es landschaftlich teils große Unterschiede gibt. Nur anderthalb Stunden östlich von Dubai kann man ganz fantastisch im Hadschar-Gebirge mit seinen tiefen Schluchten und bis zu etwa 3000 Meter hohen Bergen wandern. Dort ist der Massentourismus noch nicht angekommen. Deswegen sollte man sich auch gut vorbereiten oder eine Tour buchen.

Würden Sie eine Übernachtung in der Wüste empfehlen?
Ich bin schon gerne in der Natur, aber mit dieser kompletten Stille habe ich gefremdelt und kein Auge zugemacht – weil man wirklich jedes Tier hört, das draußen vorbeischleicht, Hyänen etwa, und jeden Käfer, der durchs Zelt krabbelt. ❖

INTERVIEW: SILVIA TYBURSKI

FOTO: SEBASTIAN FUCHS

Kommt nach
Wiesbaden
lebendig und natürlich
Jetzt Wiesbaden-Reise buchen
wiesbaden.de/herbsterlebnis
IHK Wiesbaden
Wiesbaden wunderbar
WERBEGEMEINSCHAFT
LANDESHAUPTSTADT
WIESBADEN
Referat für Wirtschaft und Beschäftigung
LANDESHAUPTSTADT
WIESBADEN
Wiesbaden Congress & Marketing GmbH
Herausgeber und Gestaltung: Wiesbaden Congress & Marketing GmbH |
Foto: Svenja Münzer | Stand: September 2023

Wo in List früher Bundeswehrgebäude standen, ist jetzt der Lanserhof (hier der Ostflügel)

FOTO: ALEXANDER HAIDEN

Weniger am Meer

Wenn Spitzenköche nach Sylt reisen, dann tun sie das, um gut zu essen und am Strand zu spazieren. Oder um fast nichts zu essen und mitten in den Dünen den inneren Reset-Knopf zu drücken. Ein Besuch im Lanserhof

VON SILVIA TYBURSKI

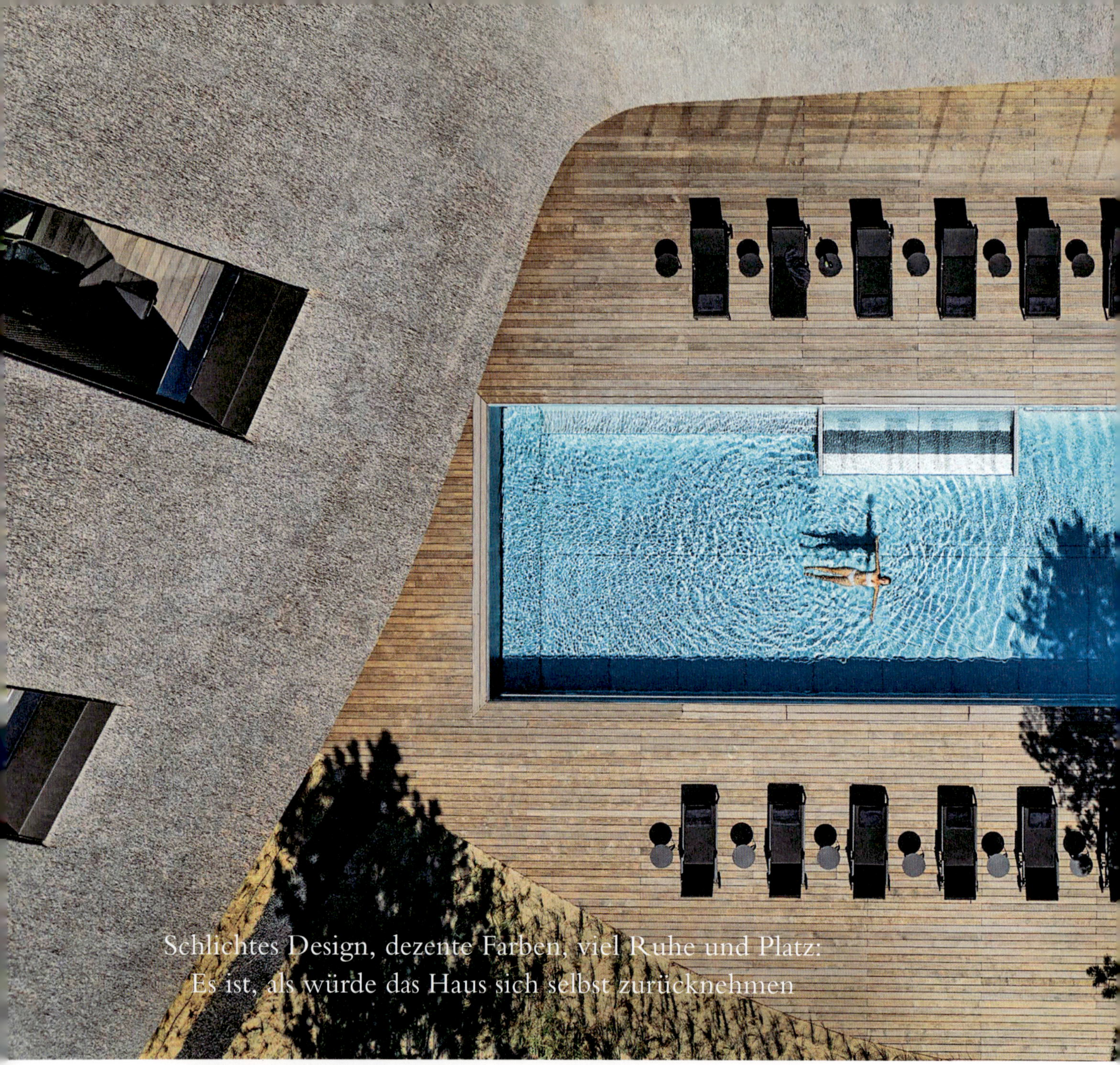

Schlichtes Design, dezente Farben, viel Ruhe und Platz: Es ist, als würde das Haus sich selbst zurücknehmen

FOTOS: ALEXANDER HAIDEN (3), CHRISTOPH INGENHOVEN

Zum Spa gehören eine Sauna und ein Dampfbad

Der Lanserhof liegt auf der Wattseite von Sylt. Bis zum Meer ist es nur ein kurzer Spaziergang

In das 7000 Quadratmeter große Reetdach sind Balkone integriert

Küchenchef Dietmar Priewe bleibt für einen Plausch bei einem Gast in der Lobby stehen. Der trägt nach einem E-Bike-Sturz einen beachtlichen Kopfverband. Priewe hat gerade die fast 17 Kilometer von Westerland nach List mit dem Fahrrad zurückgelegt. „Gute Besserung und bis heute Abend!", ruft er und betritt energiegeladen das Restaurant des Lanserhofs Sylt.

Es ist Priewes Reich. Nach fast 20 Jahren als Küchenchef in der „Sansibar" in Sylts Süden arbeitet der 49-Jährige seit anderthalb Jahren im Gesundheitsresort Lanserhof in List, weit in Sylts Norden. Statt Kreationen wie in Kartoffelsuppe schwimmendem Apfelkuchen kreiert er nun Menüs, die genau auf das meist schmale Ernährungsprogramm der Gäste abgestimmt sind. Der Lanserhof ist eine Kombination aus Privatklinik und Fünf-Sterne-Hotel: Zum Meerwasser-Schwimmbad gehören ein Außenpool und eine Sauna, die Panoramafenster reichen vom Boden bis unter das Reetdach, im Kaminzimmer stehen Designer-Möbel wie der Eames Lounge Chair.

Die meisten Gäste, die hier einchecken, wollen fasten und nebenbei ärztliche Check-ups abhaken. Im Restaurant steht oft Gemüsebrühe auf der Karte, an den Aufbautagen oder für Gäste, die nicht fasten, gibt es auch Gerichte, für die der Koch regionale Zutaten wie Portulak, Queller oder Dexter Rind verwendet, zum Beispiel für eine seiner Lieblingsspeisen: Chicorée-Tacos mit Bolognese. Er selbst habe vor einigen Jahren zum ersten Mal gefastet, sagt Priewe. Das war, nachdem ➢

er feststellte, dass die Kochjacke in Größe XL nicht mehr passte. 110 Kilo wog er, 40 Kilo mehr als heute. „Zuerst habe ich auf eigene Faust Nulldiät gemacht und mich immer intensiver mit dem Thema Ernährung beschäftigt", erzählt er. Später probierte er dann die Kur des Stammhauses der Lanserhof-Gruppe in Lans bei Innsbruck aus und arbeitete vor der Eröffnung auf Sylt im Lanserhof am Tegernsee. So erfuhr er am eigenen Leib, wie viel Kraft er nach der Ernährungsumstellung hatte – und wollte von nun an nicht nur seine Ernährung, sondern auch sein Kochen umstellen. Genuss wurde bewusster, reduzierter und zugleich intensiver. Heute läuft er Marathon und fährt Radrennen. Auch Kollegen wie Tim Mälzer und Johann Lafer fasten regelmäßig in den Häusern der Lanserhof-Gruppe – teils aus beruflichen Gründen. „Fasten ist wie ein Reset der Geschmacksnerven: Man wird viel sensibler", sagt Priewe.

Das gilt auch für andere Sinneseindrücke. Es ist, als würde das Haus sich selbst zurücknehmen. Im Hotel ist kaum Musik zu hören, weder im Restaurant noch im Fahrstuhl. Das Team des Lanserhof-Architekten Christoph Ingenhoven (siehe Interview S. 153) hat helle, aber dezente Farben für die Einrichtung gewählt: Das Parkett und ein Teil der Wandverkleidung sind aus hellem Holz, die prägnante schneckenförmige Treppe über fünf Etagen ist in gedecktem Weiß gestrichen. Auch die Einrichtung der Zimmer mit Möbeln und Textilien in Beige- und Grautönen wirkt nicht überfrachtet. Und weil der Koffein-Entzug den meisten Fastenden schwerfällt, verzichten auch die Hotel-Mitarbeiterinnen und Mitarbeiter in offenen Bereichen auf Kaffee. Die meisten von ihnen haben als Vorbereitung für diesen Job selbst eine Fastenkur mitgemacht. Wer die Fastenkrise selbst erlebt habe, die schwerste Phase um den zweiten oder dritten Tag, reagiere mit viel mehr Verständnis darauf, wenn ein Gast zu Beginn des Detoxings auch mal schlecht gelaunt sei, sagt Dietmar Priewe. „Dann versuchen wir, in der Küche einen Weg zu finden, in Absprache mit den Ärzten natürlich. Die meisten Gäste sind schon glücklich, wenn sie statt einer Brühe eine gebundene Suppe bekommen."

Der Bereitschaftsdienst stellt sicher, dass rund um die Uhr ein Facharzt verfügbar ist. Von den Zimmern im ersten und zweiten Stock führt eine geschwungene Treppe zu den Räumen für Arztgespräche und Anwendungen wie Massage und Physiotherapie. Dort arbeitet Jan Stritzke, Kardiologe und ärztlicher Leiter des Lanserhofs Sylt. „Die meisten Gäste kommen das erste Mal zu uns, wenn sie im Alter von etwa 40 oder 50 erkennen, dass sie etwas für ihre Gesundheit tun müssen – und können", sagt er. Studien belegten, dass sich Fasten positiv auf die Gesundheit auswirke. „Alterungsprozesse werden

Bietet Gästen, die lernen wollen, gesund zu kochen, auch Kurse an: Küchenchef Dietmar Priewe

FOTOS: ALEXANDER HAIDEN, MICHAEL MAGULSKI

Der Außenbereich des Meerwasser-Schwimmbads ist 28 Grad warm

gebremst. Ein Typ 2 Diabetes ist damit sogar heilbar", sagt Stritzke.

Die traditionelle Heilmethode wird im Lanserhof mit schulmedizinischen Behandlungen und Hightech-Geräten kombiniert. Auf dem Weg zu den Massageräumen kommt man an der „Kryokammer" vorbei, einem Raum für Kältetherapie. Dessen extreme Kälte von bis zu minus 110 Grad soll bei Schlafproblemen helfen, den Abnehmprozess beschleunigen und entzündliche Prozesse im Körper wie Rheuma und Arthrose lindern. In einem anderen Raum werden 96 Kameras für ein Hautscreening eingesetzt. Eine Künstliche Intelligenz unterstützt das Ärzteteam dabei, die Bilder auszuwerten und mögliche Veränderungen zu entdecken.

Im selben Stockwerk liegt das Fitnessstudio. Die Gäste in Bewegung zu bringen, ist ein zentraler Bestandteil der Lanserhof-Kur. Und weil Sport machen in der Natur besonders guttut, kann man sich einer Frühsportgruppe anschließen, die um sieben Uhr zum nahen Watt spaziert, wo ein Trainer Übungen anleitet. Oder auf eigene Faust zum Lister Ellenbogen radeln, Sylts Nordspitze. Dort verorten Telefonanbieter Handys bereits in Dänemark, Schafe weiden auf den Wiesen. Eine halbe Stunde dauert eine Radtour in die Braderuper Heide, durch die des Kochs liebste Laufstrecke führt. Wenn wohlgenährte Insekten durch diese sonnenbeschienene Heidelandschaft summen, wirkt sie selbst am berüchtigten zweiten Fastentag einfach nur schön. ❖

FOTOS: ALEXANDER HAIDEN, JIM RAKETE

»Mein Studium fand auf dem Höhepunkt der Postmoderne in der Architektur statt, es ging gar nicht bunter, schräger, wilder. Mir war klar: So geht das nicht weiter. Die Ressourcen sind endlich« Christoph Ingenhoven

Unter dem Reetdach: Die „Elysium Loft Suite Mare“ ist mit einem Sessel von Antonio Citterio (r.) und einem Stuhl von Charles Eames und Eero Saarinen (l.) ausgestattet

„Wer hungrig ist, wünscht sich mehr Abstand zu anderen“

Auf kein Hotel, das er gebaut hat, wird Architekt **Christoph Ingenhoven,** 63, auf Partys so oft angesprochen wie auf die Lanserhöfe. Die ergeben fast so viel Gesprächsstoff wie sein bekanntestes Projekt: Stuttgart 21

MERIAN *Haben Sie schon mal eine Fastenkur gemacht?*
CHRISTOPH INGENHOVEN: Ja, das erste Mal vor etwa 20 Jahren, im Stammhaus des Lanserhofs in Österreich. Und zuletzt mit meiner Frau im November 2022 im Lanserhof auf Sylt.

Hat diese Erfahrung auch den Entwurf für dieses Haus beeinflusst?
Sehr sogar. Ich weiß beispielsweise, dass man beim Fasten mehr friert. Oder dass man, wenn man hungrig ist, schneller genervt ist und sich manchmal Abstand zu anderen wünscht. Man sagt, dass Paare nicht zusammen fasten sollen, der Lanserhof hat fast 80 Prozent Einzelbelegung. Wir haben also mehr Platz pro Gast einkalkuliert, sowohl bei den Zimmern als auch im Restaurant. ➢

Die frei stehende, schneckenförmige Treppe verbindet fünf Etagen und ist das Herzstück des Hauses

FOTOS: ALEXANDER HAIDEN (4), INGENHOVEN ASSOCIATES/HGESCH

Fasten macht die Menschen auch empfindlicher. Ist das Haus deshalb so zurückhaltend eingerichtet?
Genau, beim Fasten geht es um Reduktion, innere Einkehr und Ehrlichkeit mit sich selbst. Darum, auf sich zurückgeworfen zu sein. Deshalb haben wir die äußeren Reize stark reduziert: Es gibt keine Kunst an den Wänden, keine bunten Tischdecken und Blumen an jeder Ecke. Wir haben Farben, Formen und Materialien verwendet, die dem Gast das Gefühl von Ehrlichkeit vermitteln: Der Boden, der aussieht wie aus Holz, ist auch wirklich massiver Holzboden.

Kennen Sie viele der Lanserhof-Gäste?
Ja. Ich erlebe kaum eine Party, auf der ich nicht nach meiner Arbeit gefragt werde. Dann sage ich entweder: „Ich bin der Architekt aller Lanserhöfe." Dann ist die Reaktion immer positiv. Und keiner fragt: „Was ist das denn?", sondern die Leute sagen: „Da war ich schon." Oder: „Da war meine Frau neulich mit ihren Freundinnen." Das ist mir bei keinem anderen Hotel, das ich entworfen habe, jemals passiert.

Und was ist die andere mögliche Antwort auf die Jobfrage?
Dass ich sage: „Ich bin der Architekt des Stuttgarter Hauptbahnhofs." Es gibt meistens starke Reaktionen, das macht mir dann immer Spaß. Manche antworten fast tröstend: „Das ist ja nicht so schlimm." Andere sagen empört: „Ach, der sind Sie?"

Dafür, dass der Lanserhof in List auf einer großen Düne gebaut wurde, gab es Kritik von Naturschützern.
Das stimmt, man darf aber auch nicht idealisieren, was dort vorher stand. Nämlich drei große Häuser der Bundeswehr unten am Strand und zwei noch größere Häuser auf der Düne.

Sie meinen die Offiziersheime und die Marineversorgungsschule in List.
Genau. Die Bundeswehr ist 2007 von Sylt abgezogen. Das größte Haus auf der Düne, das Offiziersheim, haben wir denkmalgerecht saniert. Da ist kein Quadratmeter Düne in Mitleidenschaft gezogen worden. Im Gegenteil, um das Heim herum lag viel betonierte Fläche, die wir renaturiert haben. Wir durften auch nicht

außerhalb einer bestimmten Zone in die Düne eingreifen. Aber nachdem wir die alten Häuser am Strand abgerissen haben, hat man uns erlaubt, auf der gleichen Fläche neu und zusätzlich ein viertes Strandhaus zu bauen. Das ist unten der einzige wirkliche Eingriff in die Düne gewesen. Oben, wo heute der Hotelbereich liegt, war es anders: Dort sind etwa 7000 statt vorher 1500 Quadratmeter bebaut und ein Stück Düne ist entfernt worden. Die Vegetation mussten wir einlagern, um sie bei der Wiedereinpflanzung als Grundlage der zukünftigen Düne zu verwenden.

Sie gehören zu den ersten Architekten in Deutschland, die Gebäude nach Kriterien der Nachhaltigkeit und Energieeffizienz geplant haben. Wie kam es dazu?

Ich war als Jugendlicher sehr linksalternativ orientiert. Damals habe ich einen Weltladen in Neuss und einen in Düsseldorf geführt. Dieser Fair-Trade-Kosmos hat mich auch für Umweltthemen sensibilisiert. Mein Studium fand auf dem Höhepunkt der Postmoderne in der Architektur statt: Es ging gar nicht bunter, schräger und wilder gezeichnet, und ob das gebaut würde, interessierte die Leute gar nicht so sehr. Es war eine riesige Blase. Mir war klar: Das ist ja ganz nett, aber so geht es ja nicht weiter, die Ressourcen sind endlich.

Ihr RWE-Gebäude in Essen von 1996 mit natürlicher Belüftung, Doppelfassade und Dachgarten gilt als das erste Öko-Hochhaus Deutschlands. Wo zeigt sich Nachhaltigkeit im Lanserhof Sylt?

Mittels Hochwärmedämmung und einer besonders kompakten Bauweise haben wir den Energiebedarf deutlich reduziert. Wir haben außerdem viel mit nachwachsenden Materialien gebaut: Holz und Reet. Auch die Fenster sind aus Holz, sie haben nur außen eine dünne Aluminiumverkleidung. Und wir konnten relativ viel mit recyceltem Beton bauen.

Wie gut kannten Sie Sylt vorher?

Seit ich 13, 14 war, habe ich immer wieder dort mit meinen Eltern Urlaub gemacht. Ich war oft im „Söl'ring Hof“ in Rantum. Sie gehen 20 Schritte und sind am Wasser. Früher sind wir auch nach Kampen gefahren und in den „Benen-Diken-Hof“ in Keitum. Aber ich bin nicht der Typ, der einmal im Jahr nach Sylt muss. ❖

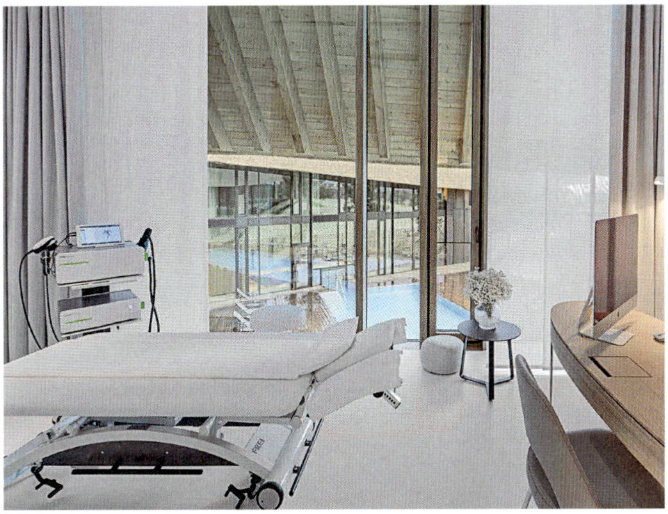

Im Urlaub etwas für die Gesundheit tun: Der Lanserhof kombiniert den Komfort eines Hotels mit dem Know-how einer Klinik

Lanserhof Sylt
Das jüngste Haus der Lanserhof-Gruppe liegt gleich am Dorfeingang von List. Durch das Nordseeklima ist es besonders für Gäste mit Atemwegserkrankungen geeignet. In der Sylter Dependance arbeitet außerdem eine Psychologin. Man kann E-Bikes und einen Elektro-Smart mieten, um sich auf der Insel fortzubewegen. Lanserhof Kur Classic exklusive Unterkunft ab 4125 Euro für sieben bis acht Nächte.
List, Am Lanserhof 1-8
www.lanserhof.com

Lanserhof Lans
Im österreichischen Lans kann man seit 1984 nach einer modernen Version der F. X.-Mayr-Methode fasten und wie in allen Häusern der Gruppe ein umfangreiches Angebot medizinischer Behandlungen buchen. Es ist das Stammhaus der Gruppe, ein Gebäude aus den 1970er Jahren, an das sich der ovale, mit Zedernholz verkleidete und begrünte Neubau von 2016 wie eine luxuriöse Berghütte andockt. Rundum erstreckt sich die Tiroler Berglandschaft. Im Haus selbst gibt es ein Schwimmbad, ein Dampfbad, eine Sauna und einen Fitnessbereich. In allen drei Häusern der Gruppe kann man dieselben Kuren buchen, etwa die Lanserhof Kur Classic, zu der unter anderem eine einstündige ärztliche Anfangsuntersuchung und sechs Kontrollen gehören sowie Massagen, Drainagen, Algenpackungen und Leberwickel. Wie im Lanserhof am Tegernsee kuren auch in Lans regelmäßig bekannte Persönlichkeiten, darunter der Architekt

Mayrlife am Altaussee

David Chipperfield und der Maler Anselm Kiefer. Der Mindestaufenthalt beträgt in allen Lanserhöfen eine Woche. Lanserhof Kur Classic exklusive Unterkunft ab 2810 Euro für sieben bis neun Nächte.
Lans, Kochholzweg 153
www.lanserhof.com

Lanserhof Tegernsee
Das 2014 vom Architekturbüro Ingenhoven fertiggestellte würfelförmige Gebäude hat 70 Zimmer. Das Haus ist von einem großen Golfplatz umgeben, der von den Gästen genutzt werden kann, und es bietet viel Platz: Der größte Pavillon für bis zu zwei Gäste misst 250 Quadratmeter. Neben dem Haus soll eine moderne Radiologie entstehen. Durch die Nähe zum Flughafen München ist das Publikum sehr international. Zu den regelmäßigen Kurgästen zählt zum Beispiel Kate Moss. Sieben bis acht Nächte Lanserhof Kur Classic exklusive Unterkunft ab 2918 Euro.
Waakirchen
Gut Steinberg 1-4
www.lanserhof.com

Mayrlife am Altaussee
In dem Medical Health Resort am Altaussee in der Steiermark kann man ebenfalls nach der Fastenmethode von F. X. Mayr entschlacken und entgiften. Zum Team gehören zehn Ärzte, die Check-ups und verschiedene Untersuchungen wie eine Säure-Basen-Mineralstoffanalyse durchführen, Bewegungstherapeuten und eine Ernährungsberaterin. Wohnen kann man in einem Penthouse, in Apartments, Suiten oder in einem von 65 Zimmern, die geschmackvoll mit viel Holz und einigen farbigen Akzenten eingerichtet sind. Die malerische Berglandschaft lädt zum Radeln und Wandern ein, doch auch Morgengymnastik gehört zum klar strukturierten Tagesablauf. Sieben Tage Classic Programm ab 2510 Euro, exklusive Unterkunft.
Altaussee, Fischerndorf 222, www.mayrlife.com

Clinique La Prairie
Das heutige Health-Spa im schweizerischen Montreux wurde 1931 von dem Arzt Paul Niehans gegründet. Heute liegt neben allgemeiner Gesundheit und Ernährung ein Fokus der Klinik auf ästhetischen Behandlungen, auch Schönheits-OPs und zahnmedizinische Behandlungen sind möglich. Das Programm „Revitalization" etwa kostet rund 30 460 Euro inkl. Unterkunft. Die Klinik hat 50 Zimmer und Suiten, 24 davon befinden sich im „Le Château". Es liegt in Spaziernähe zum Genfer See. 2024 soll eine Dependance in Amaala in Saudi Arabien eröffnen.
Montreux, Rue du Lac 142
www.cliniquelaprairie.com

Buchtipp

In „Die heilende Kraft der Ernährung" findet man neben Rezepten von den drei „Lanserhof"-Küchenchefs Dietmar Priewe (Sylt), Claus Jenewein (Lans) und Karsten Wolf (Tegernsee) auch Texte darüber, wie Fasten und Ernährung auf Körper und Seele wirken. Mitgearbeitet haben an ihnen medizinische Experten der Lanserhöfe sowie Andreas Michalsen, Professor für Klinische Naturheilkunde an der Charité Berlin. Gräfe und Unzer, 2021, 288 Seiten

Podcast: In Folge 85 des Lanserhof-Podcasts „Forever young" erzählt der Moderator Matthias Opdenhövel im Gespräch mit Host Nils Behrens von seinem ersten Aufenthalt im Lanserhof am Tegernsee und erklärt, was Neulinge bei einer Fastenkur erwartet.

Palace
Das geschichtsreiche Fünf-Sterne-Hotel mit heute 99 Zimmern (davon 46 Suiten) eröffnete 1906 als eines der besten Häuser in Meran. Heute kann man dort in der Atmosphäre eines italienischen Palastes entschlacken: zum Beispiel mit dem Revital und Sport Programm, bei dem den Gästen ein Personal Trainer für tägliche Bewegung zur Seite gestellt wird. Sechs Tage 4850 Euro zuzügl. drei Arztvisiten (302 Euro) und Unterkunft. Neben medizinischen Aufenthalten sind auch Wellnessauszeiten möglich.
Meran, Cavourstr. 2
www.palace.it

Sha Wellness Clinic
Die Klinik liegt südlich von Valencia in der Nähe der Bucht von Altea. Sie hat verschiedene Anti-Aging-, Abnehm- und Detoxing-Kuren, aber auch Raucherentwöhnung und Therapien für besseren Schlaf im Programm. Das „Rebalance" zum Beispiel für vier bis 14 Tage kostet ab 2000 Euro exklusive Übernachtung. Ende 2023 soll ein Ableger in Mexiko bei Cancún eröffnen, für 2024/2025 ist die Eröffnung eines Hauses in den Vereinigten Arabischen Emiraten geplant.
Alicante
Carrer del Verderol 5
www.shawellness.com

Ein großer Schritt

Mehr als ein halbes Jahrhundert nachdem Neil Armstrong über den Mond hüpfte, wird ein Traum wahr: Jeder kann in den Weltraum! Die ersten milliardärsgetriebenen Raketen fliegen schon in den Orbit, dahinter stehen Start-ups mit teils skurrilen Ideen in den Startlöchern, um nach den Sternen zu greifen

VON KALLE HARBERG

FOTO: ABOVE

Wer am Leben hängt, ist generell gut beraten, nicht Tom Cruise nachzueifern. Der Hollywoodstar, bekannt für seine todesmutigen Stunts, ließ sich im Laufe seiner Karriere vom Trittbrett eines Helikopters fallen, ohne seinen Fallschirm zu zücken, und schwang sich an der Glasfassade des Burj Khalifa entlang, mit 828 Metern der höchste Wolkenkratzer der Welt. Doch selbst Tom Cruise hat noch Träume: 2024 will er in einem neuen Modul auf der Internationalen Raumstation drehen. Ins All bringen wird ihn voraussichtlich eine Crew Dragon Capsule von Elon Musks Raumfahrtunternehmen SpaceX. Kostenpunkt: 47 Millionen Euro.

Die Raumstation „Voyager“ könnte das erste Weltraumhotel werden. Sie soll sich wie ein Riesenrad drehen – und so künstliche Schwerkraft erzeugen

So viel zahlen zumindest Normalsterbliche für die gleiche Reise, man muss mittlerweile weder Astronaut noch Action-Star sein, um in den Weltraum abzuheben. Die nächste Etappe des „Space Race“ hat längst begonnen: Eine ganze Reihe teils milliardenschwerer, teils noch sehr junger Unternehmen veranstaltet bereits oder plant in naher Zukunft Reisen, die Privatleute als Passagiere in die Erdumlaufbahn jagen. Bis 2030 könnte der Wirtschaftszweig Weltraumtourismus bis zu drei Milliarden Euro wert sein. Wer bald nach oben will, sollte schon jetzt seinen Sitz reservieren. Mit rund 47 Millionen Euro ist der rund zehntägige Trip des Unternehmens Axiom Space mit freundlicher Unterstützung ➢

von SpaceX zur ISS bis dato eine der teuersten Weltraumreisen. Mit anderen Start-ups kommt man auch schon für einen fünfstelligen Betrag in himmlische Höhen.

Per Auktion ins All

„Unbeschreiblich", sei die Erfahrung gewesen, sagt Sharon Hagle, „dafür gibt es einfach keine Worte." Als die 74-jährige US-Amerikanerin mit ihrem Mann Marc im März 2022 in Texas abhob, wurde sie zum 599. Menschen im All – und zu einer Hälfte des ersten Ehepaars im Orbit. Die Hagles, die ihr Vermögen als Immobilienunternehmer machten, ersteigerten bei einer Auktion zwei Tickets für Blue Origin. Das Unternehmen von Amazon-Gründer Jeff Bezos, der 2021 selbst sehr prominent mit Blue Origin ins All abhob, ist breit aufgestellt. Gerade wird etwa an einer Raumstation namens „Orbital Reef" getüftelt. Das Aushängeschild aber ist die komplett ferngesteuerte und wiederverwendbare Rakete New Shepard, an deren Spitze sich eine Kapsel mit Platz für sechs Passagiere befindet. Die Rakete katapultiert die Kapsel auf eine Höhe von mehr als 100 Kilometern, wo die Passagiere etwa drei Minuten Schwerelosigkeit und den Blick durch die von Blue Origin beworbenen „größten Fenster im Weltraum" genießen. Sehr schnell und gleichzeitig wie in Slow Motion seien diese Minuten vergangen, erinnert sich Sharon Hagle. „Es ist eine sehr emotionale und spirituelle Reise, die auf jeden anders wirkt." Als sie nach elf Minuten Flug per Fallschirm zurück auf die Erde trudelten, verharrten die Hagles und ihre Reisegefährten noch einen Moment in der Kapsel. „Es war sehr aufwühlend, einige weinten, man braucht Zeit, um sich da zu sortieren."

Sharon Hagle hat die Organisation „SpaceKids Global" gegründet und arbeitet seit Jahren daran, Grundschüler für Karrieren in der Raumfahrt zu begeistern. Zeitgleich planen sie und ihr Mann schon die nächsten Trips zu den Sternen: „Wenn es einen Weihnachtsmann gibt, dann würden Marc und ich gerne zwischen drei und fünf Tagen im Orbit fliegen. Ob um den Mond oder die Erde, mir ist beides recht", sagt sie. Zunächst einmal aber haben die beiden Tickets für einen Flug

Drei Minuten lang schweben Inhaber eines Tickets für einen Blue-Origin-Flug über den Wolken

FOTOS: BLUE ORIGIN, VIRGIN GALACTIC

Abschnallen und abheben! Während der wenigen Momente der Schwerelosigkeit fliegen frisch gebackene Astronauten durch die Kapsel

Mit dreifacher Schallgeschwindigkeit und verstellbaren Flügeln kann Virgin Galactic VSS Unity bis auf über 80 Kilometer steigen

mit der VSS Unity von Virgin Galactic. Die lieferte mit dem ersten komplett bemannten Flug im Juli 2021 den offiziellen Startschuss für das neue „Space Race“. Mit an Bord: Milliardär, Virgin-Gründer und Bezos-Rivale Richard Branson. Die VSS Unity ist eine Art modernes Space Shuttle, das in mehr als 80 Kilometer Höhe einen Rückwärtssalto vollzieht und den bis zu sechs Passagieren so zwischen drei und vier Minuten Schwerelosigkeit garantiert. Rund 420 000 Euro kostet der Trip, inklusive vier Tagen Training und einem Parabelflug, um mit der Schwerelosigkeit vertraut zu werden. Die Vorbereitung findet rund um den Spaceport America in New Mexico statt, dem ersten speziell gefertigten kommerziellen Weltraumflughafen. In der Nähe baut Virgin Galactic für seine Astronauten einen Campus, zu dem ein Wellness-Center, ein High-End-Restaurant sowie Unterkünfte gehören werden. Wer heute seinen Flug reserviert, wird ab 2026 fliegen und möglicherweise schon auf dem dann fertigen Campus trainieren.

Günstige Space-Fahrten per Ballon

Hinter den Schwergewichten SpaceX, Virgin Galactic und Blue Origin formiert sich eine Verfolgergruppe junger Herausforderer, die Passagiere bald mit einer anderen Technik ins All befördern wollen: Ballons. Statt in einer Rakete von tonnenschweren Treibstofftanks ➢

Axiom Space

Startpunkt	Kennedy Space Center in Florida, USA
Flugdauer	Rund 10 Tage plus 8 Tage an Bord der ISS
Höhe	Etwa 400 Kilometer
Flugkörper	Dragon Capsule auf der Rakete Falcon 9
Passagiere	4
Besonderheit	Mehr als 750 Stunden Astronautentraining und tagelange Schwerelosigkeit an Bord der ISS
Betriebsbereit	Ja, der erste Flug fand im April 2022 statt
Preis	47 Millionen Euro
Info	**www.axiomspace.com**

Blue Origin

Startpunkt	Nahe Van Horn in Texas, USA
Flugdauer	11 Minuten
Höhe	100 Kilometer
Flugkörper	Rakete New Shepard
Passagiere	6
Besonderheit	New Shepard bietet die größten Fenster im Weltall
Betriebsbereit	22 erfolgreiche Flüge, aber nach einem unbemannten fehlerhaften Flug letzten Sommer derzeit geerdet
Preis	Geheim
Info	**www.blueorigin.com**

Die Etablierten: Die Rakete New Shepard von Blue Origin startet in Texas, die von Axiom Space in Florida, vor dessen Küste die Kapsel nach einer langen Tour ins All auch wieder sicher landet

in den Orbit geschossen zu werden, segeln die Passagiere in einer an einem riesigen Ballon hängenden Kapsel entspannt durch die Wolken – so weit die Idee. Für den ersten Flug als Astronaut bedarf es so keines aufwendigen Trainings, und er ist um ein Vielfaches preiswerter. Das günstigste Ticket ist schon ab etwa 46 000 Euro zu haben. Die Kármán-Linie in 100 Kilometer Höhe, so heißt die offizielle Grenze zum Weltraum, erreicht man dabei nicht, selbst Virgin Galactic kratzt nur an dieser Marke. Doch die Flüge auf etwa 30 Kilometer sind immerhin hoch genug, um den „Overview Effect" zu genießen. So wird der von Astronauten viel beschriebene Blick auf die Krümmung der Erde hinunter genannt. Dieser Perspektivwechsel wird von allen Space-Anbietern offensiv vermarktet. Er scheint viel mit jenen zu machen, die ihn erleben. „Wenn wir dieses Erlebnis in einer Flasche verkorken und zurück auf die Erde bringen könnten, die Welt wäre eine gänzlich andere", da ist sich Astronautin Sharon Hagle sicher.

FOTOS: SPACEX, BLUE ORIGIN, FELIX KUNZE/BLUE ORIGIN, SPACE PERSPECTIVE, ABOVE

Space Perspective

Startpunkt	Kennedy Space Center in Florida, USA oder von Bord des Schiffs MS Voyager
Flugdauer	Etwa 6 Stunden
Höhe	Rund 30 Kilometer
Flugkörper	Wasserstoffballon mit der Raumkapsel Neptune
Passagiere	8
Besonderheit	Cocktails und Livestream-Equipment an Bord
Betriebsbereit	Voraussichtlich ab Ende 2024
Preis	Etwa 117 000 Euro
Info	**www.spaceperspective.com**

Above

Flugdauer	Theoretisch beinahe unbegrenzt
Flugkörper	Raumstation Voyager
Passagiere	280 Gäste und 112 Crew-Mitglieder
Besonderheit	Das allererste Weltraumhotel samt Restaurants, Fitnessstudio, Kino und Konzertbühne
Betriebsbereit	Steht noch in den Sternen
Preis	Nicht bekannt, aber irgendwann, versprechen die Macher, soll ein Ticket nur noch so viel kosten wie das für eine Kreuzfahrt
Info	**www.abovespace.com**

Die Engagierten: Die Wasserstoffballons von Space Perspective sollen schon nächstes Jahr aufsteigen, während Above sogar von einem eigenen Weltraumhotel mit schicken Suiten träumt

Sharon Hagle, ihr Mann Marc (rechts) und ihre vier Gefährten beim Training für den Flug NS-20. Oder wie sie die Kapsel tauften: „The Roaring 20s"

Weil die Ballons sanft nach oben steigen, bleibt genug Zeit für die eine oder andere Annehmlichkeit. Das bald in Florida abhebende Start-up Space Perspective plant, an Bord Cocktails zu mixen. Konkurrent World View, dessen Ballons ab 2024 im Grand Canyon starten sollen, wird Champagner und Plüschsitze bieten. Das französische Unternehmen Zephalto will von Toulouse aus abheben, nachdem es seinen Passagieren vor dem Flug Sterneküche serviert hat. Ebenfalls über Europa werden die Ballons von Zero 2 Infinity aufsteigen: Der „Bloon" des in Barcelona beheimateten Start-ups soll in Andalusien starten. Dort sind die Wetterverhältnisse stabiler als im von Hurricanes geplagten Florida. Vor allem aber sei der Ausschnitt der Erde, auf den man hinunterblickt, abwechslungsreicher, findet CEO José Mariano López Urdiales. Die Gipfel der Sierra Nevada, die Wüste von Tabernas, die Straße von Gibraltar – „es finden sich viele Landschaften der Erde in einem sehr kleinen Areal." López Urdiales lernte sein Handwerk am renommierten Massachusetts Institute of Technology und ließ schon mit seinem Vater Ballons in den Himmel steigen. „Sie sind die seit dem 18. Jahrhundert am meisten gestarteten und erprobten Flugkörper", weiß der 45-Jährige. „Wir kehren also zu unseren Wurzeln zurück." 2009 gründete López Urdiales Zero 2 Infinity, um den Weltraum nicht nur Milliardären, Regierungen und internationalen Unternehmen zu überlassen, sondern ihn für mehr Menschen erreichbar zu machen. Mehr als 50 Testflüge hat „Bloon" bereits absolviert, schon in zwei Jahren könnten die ersten kommerziellen Flüge starten – sofern sich genug Investoren finden lassen. Die Vorteile der Flugkörper liegen für López Urdiales auf der Hand: sicherer, komfortabler, nachhaltiger. Und vor allem verbringt man viel mehr Zeit mit der grandiosen Aussicht auf den Planeten, „Bloon" soll zwei Stunden in 36 Kilometer Höhe schweben, „die Kosten pro Minute sind also sehr niedrig". Dass man die Kármán-Linie dabei nicht passiert – ge- ➢

schenkt. Die Krümmung der Erde verändere sich nur minimal, wenn man sie erreiche, sagt der CEO. Und was die andere Blickrichtung betrifft: „Wenn der Himmel erst mal schwarz ist, dann wird er nicht mehr schwärzer."

Mit dem Aufzug in 96 000 km Höhe

Bis heute haben sich nie mehr als 19 Menschen gleichzeitig im Weltraum befunden, aber das wird sich ändern, wenn es nach Above geht. Das US-amerikanische Unternehmen entwirft das erste große Weltraumhotel. Die Raumstation „Voyager" soll neben 112 Crew-Mitgliedern auch Unterkünfte für 280 Gäste bieten. Aufgebaut ist sie wie ein gigantisches Riesenrad: Die Rotation soll dafür sorgen, dass die Hotelgäste in ihren Suiten beim Schlafen oder Duschen die Vorzüge künstlicher Gravitation genießen, während im Zentrum die volle Schwerelosigkeit erlebbar wird. Themenrestaurants, ein Kino, ein Fitnessstudio und eine Konzertbühne sollen ebenfalls in der „Voyager" Platz finden – deren Eröffnung bisher nicht datiert ist. Noch steht sie in den Sternen.

Selbst unter den stets mit ihrem eigenen Futurismus kokettierenden Anbietern für Reisen ins All ist das Weltraumhotel also noch Zukunftsmusik. So auch das Projekt des Bauunternehmens Obayashi, das den Tokyo Skytree, das höchste Gebäude Japans, entworfen hat. Bis 2050 plant Obayashi, einen Weltraumaufzug zu konstruieren. Das Erdgeschoss für den im Durchmesser 400 Meter breiten „Earth Port" soll im Ozean am Äquator liegen, von wo der Aufzug mit Kohlenstoffnanoröhren – 100 Mal reißfester als Stahl – auf bis zu 96 000 Kilometer saust. Und wer weiß: Vielleicht kann der Aufzug im Orbit einen Zwischenstopp einlegen, von dem es dann mit etwas Glück nur ein kurzer Weltraumspaziergang hinüber zur Raumstation „Voyager" wäre. Auf diesem Weg könnten sogar Passagiere mit Flugangst eines nicht allzu fernen Tages ihren Urlaub im All antreten. ❖

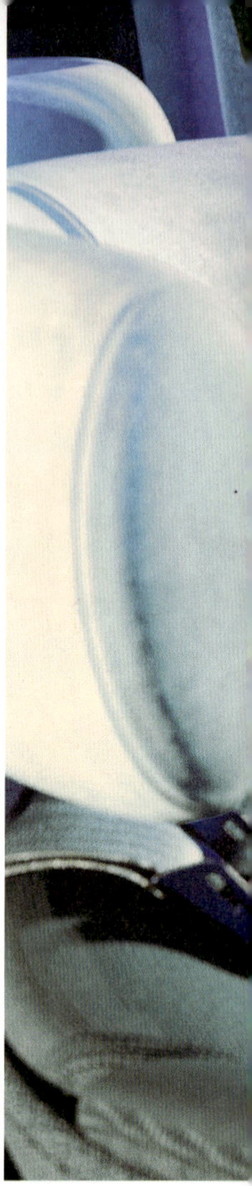

Der Branchenprimus und die Verfolgergruppe: Virgin Galactic fliegt bereits ins All, Start-ups wie World View, Zephalto und Zero 2 Infinity wollen ihre Ballonfahrten bald auf den Markt bringen. Sie sind deutlich preiswerter

Virgin Galactic

Startpunkt	Spaceport America in New Mexico, USA
Flugdauer	Etwa 90 Minuten
Höhe	Über 80 Kilometer
Flugkörper	Raumfahrzeug VSS Unity
Passagiere	Bis zu 6
Besonderheit	Viertägiges Astronautentraining samt Parabelflug und Aufenthalt auf dem Virgin-Galactic-Campus
Betriebsbereit	Ja, der erste bemannte Flug fand im Juli 2021 statt, der erste komplett kommerzielle Trip im Juni 2023
Preis	420 000 Euro
Info	**www.virgingalactic.com**

World View

Startpunkt	Grand Canyon in Arizona, USA. Geplant sind auch Starts an sechs weiteren Orten, darunter etwa einer am Great Barrier Reef
Flugdauer	5-8 Stunden
Höhe	30 Kilometer
Flugkörper	Heliumballon mit Explorer Space Capsule
Passagiere	8
Besonderheit	Sternenteleskop, Toilette und eine Bar an Bord
Betriebsbereit	Voraussichtlich ab 2024
Preis	Voraussichtlich etwa 46 000 Euro
Info	**www.worldview.space**

FOTOS: VIRGIN GALACTIC, WORLD VIEW, SPACE PERSPECTIVE, ZEPHALTO, ZERO2INFINITY

Zurücklehnen und stundenlang zum Fenster hinaussehen: Das verspricht Space Perspective mit seinen Ballons

»Overview Effect« wird der Augenblick genannt, in dem einem die ganze Welt zu Füßen liegt

Zephalto

Startpunkt	Zunächst Toulouse, danach mehrere internationale Startrampen
Flugdauer	6 Stunden
Höhe	25 Kilometer
Flugkörper	Helium- oder Wasserstoffballon mit Raumkapsel Céleste
Passagiere	6
Besonderheit	Sterneküche in der Kapsel
Betriebsbereit	Möglicherweise ab 2024
Preis	Etwa 120 000 Euro
Info	**www.zephalto.com**

Zero 2 Infinity

Startpunkt	Andalusien
Flugdauer	4,5 Stunden
Höhe	36 Kilometer
Flugkörper	Heliumballon samt Raumkapsel Bloon
Passagiere	4
Besonderheit	Maßgeschneiderte On-Board-Elebnisse wie Geburtstagspartys, Vorstandssitzungen oder auch Hochzeitsfeiern
Betriebsbereit	Möglicherweise ab 2025
Preis	124 000 Euro
Info	**www.zero2infinity.space**

Ready for takeoff! Chiporukha testet einen der Parabelflüge, für die seine Agentur Space-VIP Tickets verkauft. Mehr Infos auf www.spacevip.com

»Man wird süchtig und will dann noch höher hinaus«

Wer ins All möchte, wendet sich am besten an diesen Mann: **Roman Chiporukha** ist Gründer der exklusiven Reiseagentur SpaceVIP, die für ihre Kunden alles vom Parabelflug bis zur ISS-Mission ermöglicht. Der 41-jährige New Yorker weiß genau, welcher Anbieter für welchen Typ Passagier der richtige ist

MERIAN *Weltraumtourismus ist ein rasant wachsender Wirtschaftszweig. Wo sind wir gerade im neuen Space Race?*
ROMAN CHIPORUKHA Wir sind noch am Anfang, aber es ist unheimlich aufregend. Die Leute lechzen richtig danach. Momentan gibt es fünf oder sechs Anbieter, die Tickets verkaufen, und eine Reihe anderer, die entweder lieber im Geheimen bleiben oder sich bereit machen, an die Öffentlichkeit zu gehen. Und alle reden darüber: Weltraum, Weltraum, Weltraum! Selbst Modelabels wie Balenciaga und Hermès lassen sich für ihre Kleidung und Accessoires vom All inspirieren.

Warum werden solch einmalige Erlebnisse wie ein Flug ins All immer gefragter auf dem Luxusmarkt?
Corona hat bei vielen einen Sinneswandel eingeleitet. Viele wollten ihre Bucket-List abhaken, weil keiner wusste, wann der nächste Lockdown anstand – lass mich lieber jetzt nach Afrika reisen, auf die Malediven, auf die Azoren! Und die Menschen, die diese Trips schon gemacht hatten, wollten ihre Reiseerlebnisse auf die nächste Stufe heben. Dabei sollte man im Hinterkopf behalten, dass viele der Kunden während der Reise ins All spezifische Forschungen durchführen und ihre Erfahrungen teilen wollen. Sie fliegen nicht nur nach oben, um dort eine Party zu feiern oder eine Tennisstunde zu nehmen.

Wieso sollte man ein Ticket bei einem „Space Agent" wie Ihnen buchen und nicht direkt bei den Unternehmen?
Weil wir die Anbieter kennen und viele Fragen beantworten können. Man hat jemanden, der einem die Hand hält und durch den Prozess führt. SpaceVIP ist in der Branche ein Sonderfall, wir machen das schon seit 2018. Ich habe mit Kunden gesprochen, die nicht wissen, an wen sie sich wenden sollen, die einfach eine Mail irgendwo hingeschickt haben und nie eine Antwort erhielten. Das passiert mit uns nicht.

Die Marktführer Blue Origin und Virgin Galactic sind weltbekannt. Welche anderen Anbieter können Sie empfehlen?
Ich glaube, die Flüge von Space Perspective werden fantastisch – das ist ein Wasserstoffballon mit einer Kapsel, die sanft nach ➢

FOTO: JACK SEIKALY

»Für den niedrigen Orbit braucht es viereinhalb Monate Training. Für Ballonflüge wie Space Perspective bedarf es gar keines. Man könnte in Straßenklamotten fliegen«

Roman Chiporukha

Eine Falcon-9-Rakete startet von Cape Canaveral zur ISS – und lässt einen pfeilgeraden Lichtstrahl zurück

oben fliegt, zwei Stunden auf rund 30 Kilometer Höhe schwebt und dann zur Erde sinkt. Man ist dabei nicht im Weltraum, aber man sieht die Finsternis des Kosmos und die Krümmung der Erde. Für Anfänger am besten geeignet sind allerdings die Parabelflüge von Novespace in Europa und Zero-G in den USA. Auf Letzteren erlebt man drei Stufen der Schwerkraft – wie auf dem Mars, wie auf dem Mond sowie komplette Schwerelosigkeit. Ich habe so einen Flug selbst gemacht, und es war absolut großartig. Die ersten 40 Minuten habe ich mich wie ein Verrückter verhalten, machte viele Salti und flog wie Superman durch den Flugzeugrumpf. Aber gegen Ende, als die Schwerelosigkeit eintrat, konnte ich mich alleine mithilfe meiner Finger wegdrücken und anfangen zu schweben. Das würde ich wirklich jedem empfehlen. Dabei bekommt man einen ersten Eindruck, wird süchtig und will dann noch höher hinaus.

Im Portfolio von SpaceVIP finden sich auch erdgebundene und Unterwasser-Erfahrungen.
Es gibt das sogenannte Zentrifugen-Training, bei dem man in einer riesigen Zentrifuge herumgeschleudert wird, um G-Kräfte zu reproduzieren. Es gibt analoge Missionen, bei denen man wie auf einem anderen Planeten in einer Kuppel lebt. Das geht zum Beispiel in der Wüste Negev in Israel oder auf Hawaii, wo es ein wenig aussieht wie auf dem Mars. Und vor der Küste Floridas arbeiten wir zusammen mit der „Aquarius Reef Base“, einer Art ISS für Unterwasserforschung.

Welches Training wird für die Touren verlangt?
Für den niedrigen Orbit, wo zum Beispiel der Anbieter Axiom Space zur ISS fliegt, braucht es viereinhalb Monate Training. Für Space Perspective aber bedarf es zum Beispiel gar keines Trainings. Man könnte in Straßenklamotten nach oben fliegen. Es ist eine den Druck ausgleichende Kapsel, also wie ein Flugzeug – nur ein wenig höher.

Die Anbieter vermarkten ihre Trips oft als lebensverändernde Erfahrungen. Sind sie das wirklich?
Die Kunden, von denen wir Feedback bekommen, sagen generell, dass es eine außergewöhnliche Erfahrung sei. Ein unglaublicher Perspektivwechsel, als Erdenbürger auf den Planeten hinunterzublicken. Es ist lebensverändernd und zwingt einen fast dazu, sich mit seinen Brüdern und Schwestern auseinanderzusetzen. Ich weiß, das klingt ziemlich klischeehaft, oh, „peace and love“. Aber so wird es berichtet.

Haben Sie den „Overview Effect“ selbst schon erlebt?
Noch nicht, aber SpaceVIP besitzt die Tickets für drei Missionen von Space Perspective, Nummer 22, 32 und 55. Die sind sehr gefragt, weil sie in den ersten Jahren nach dem Start der kommerziellen Flüge stattfinden werden. Ich spare schon jeden Cent, damit ich mir hoffentlich selbst ein Ticket kaufen kann.

Haben Sie auch Kunden, die sich mehr als einen Trip leisten?
Ja, wir haben Kunden, die bereits mit Blue Origin geflogen sind, Tickets für einen Flug mit Virgin Galactic haben und sich zum Beispiel Space Perspective anschauen. Wenn man mit einigen der Leute spricht, dann merkt man, dass sie nach der nächsten Stufe außergewöhnlicher Erlebnisse suchen. Ob das die Besteigung der sieben höchsten Gipfel aller Kontinente ist, ein Besuch am Nord- oder Südpol, sie suchen immer nach etwas Größerem und Besserem. ❖

Fünf entlegene Schönheiten

Sie sind eigene Welten, weitab von Verkehrswegen und Handelsrouten: Diese fünf Orte sind nur mit kleinen, speziell ausgestatteten Kreuzfahrtschiffen erreichbar

VON PERCY C. SCHOELER

FOTO: SILVERSEA CRUISES

Himmels- und Ozeankino im Breitformat: in der Observation Lounge der „Silver Origin". Das Schiff wurde speziell für Fahrten durch den Galapagos-Archipel konstruiert

Wo Vulkane aktiv und Menschen selten sind, finden Wesen wie aus einem anderen Erdzeitalter idealen Lebensraum

FOTOS: PASCAL MAITRE/SILVERSEA CRUISES, SILVERSEA CRUISES (2)

1 Punta Espinoza, Fernandina, **Galapagos**

Unwirtlich, so mag Fernandina auf den ersten Blick erscheinen. Die drittgrößte Insel des Galapagos-Archipels liegt über einer Plume, der Vulkan La Cumbre, gelegen in der Mitte der Insel, ist der aktivste der Inselgruppe. Doch vielen Tieren bietet Fernandina gute Lebensbedingungen, die Vielfalt ist beeindruckend: Landleguane, flugunfähige Stummel-Kormorane, Galapagos-Pinguine, Grüne Meeresschildkröten und Seelöwen gehören zur Fauna. Ein ganz besonderes Erlebnis ist der Besuch der am nördlichen Ufer gelegenen Punta Espinoza, dort ist die populationsstärkste Kolonie an endemischen Meerechsen zu Hause. Die Insel, auch bekannt als Narborough Island, ist fester Bestandteil auf den Fahrten des Kreuzfahrtschiffes „Silver Origin", die sieben oder 14 Tage dauern. An jedem Tag werden meist zwei Destinationen angesteuert, so tauchen die Passagiere tief ein in die selten artenreiche Inselwelt. Das im Jahr 2020 in Dienst gestellte Schiff wurde speziell für den Einsatz auf dem Galapagos-Archipel konstruiert, es bietet Platz für lediglich 100 Passagiere. Raumhohe Fenster eröffnen Ausblicke auf die einzigartige Natur dieser außergewöhnlichen Region.

Erreichbar mit: „Silver Origin"
von Silversea Cruises
Galapagos Expedition Cruise
14 Tage ab / bis San Cristóbal
29. Juni bis 13. Juli 2024
Ab 17 800 Euro p. P. in der Classic Veranda Suite
www.silversea.com

Die „Silver Origin" von innen und außen: Das Base Camp ist eine multimediale Lounge, in der sich die Passagiere über die Inseln informieren können

2 Ittoqqortoormiit, **Grönland**

Ittoqqortoormiit gilt als einer der entlegensten Orte Grönlands, er befindet sich weit im Osten der riesigen Insel. Island auf der anderen Seite der Dänemarkstraße liegt von dort näher als die nächste, ständig bewohnte Gemeinde in Grönland selbst. Über den langen Winter mit Temperaturen von bis zu minus 20 Grad sind der örtliche Heliport und ein Schneemobil-Transfer die einzigen Möglichkeiten, in das rund 350 Einwohner zählende Örtchen zu gelangen. Doch Ende Mai, Anfang Juni, und damit deutlich vor den wenigen anderen Kreuzfahrtschiffen, die in jene Region vordringen, bricht sich die „Le Commandant Charcot" ihren Weg durch den noch zugefrorenen Scoresby Sund. Im Gepäck hat das Schiff der Reederei Ponant dann palettenweise frische Früchte und andere Lebensmittel für die Bewohner von Ittoqqortoormiit. Diese können das Schiff besuchen, während die Passagiere mit Hundeschlitten zu den bunten Häusern der kleinen Stadt fahren, die samt kleinem Heimatmuseum und Kirche wie Legosteine ans Ufer gewürfelt sind.

Die „Le Commandant Charcot" ist der Eisbrecher in der Flotte von Ponant und fährt an die Orte der Arktis, zu denen andere Schiffe nicht gelangen. Die Chancen stehen gut, auf einer Fahrt mit ihr Eisbären zu sehen. Und Aktivitäten wie Schneeschuhwanderungen, Eisschwimmen und Kayaking machen die Expedition abwechslungsreich.

Erreichbar mit:
„Le Commandant Charcot" von Ponant
Frühling mit den Inuit am Rande des Scoresby Sunds
12 Tage ab / bis Reykjavík
16. bis 28. Mai 2024
Ab 18 230 Euro p. P. in der Prestige-Kabine
www.ponant.com

FOTO: JULIEN FABRO/PONANT

Ende Mai arbeitet sich der Eisbrecher vor zu ein paar Holzhäuschen und 350 Einwohnern, weit im Osten der riesigen Insel

Bahnt sich ihren Weg durch das grüne Labyrinth des Amazonas: die 181 Meter lange „Nautica“

3 Parintins, Amazonas, **Brasilien**

Parintins ist einer der wenigen Orte auf dieser Welt, den man nur auf dem Luft- oder auf dem Seeweg erreichen kann. Mit mehr als 100 000 Einwohnern ist Parintins die zweitgrößte Stadt des brasilianischen Bundesstaates Amazonas, bekannt für das jedes Jahr Ende Juni stattfindende Folklore-Festival „Boi-Bumba“. Von der Bundeshauptstadt Manaus trennen Parintins rund 460 Flusskilometer, bis zum offenen Meer sind es etwa 1000.

Auf ihrer Reise ist die „Nautica“ von Oceania Cruises insgesamt eine ganze Woche im Amazonas-Gebiet unterwegs und bietet viel Zeit, diese entlegene Region zu erkunden. Boca Da Valeria, Alter Do Chao, Santarem, Macapa und selbstverständlich Manaus sind weitere Stationen entlang des wasserreichsten Flusses der Welt. Mit etwas Glück begegnet man unterwegs einem der Amazonas-Delfine. Die „Nautica“ gehört mit 181 Meter Länge zu den kleineren Schiffen der Flotte von Oceania Cruises. Sie wurde erst im Jahr 2018 umfangreich renoviert und bietet rund 670 Passagieren Platz.

Erreichbar mit: „Nautica“
von Oceania Cruises
Amazonian Mystique
24 Tage ab / bis Miami
9. November bis 3. Dezember 2024
Ab 9979 Euro p. P. in der Veranda-Kabine
www.oceaniacruises.com

FOTOS: OCEANIA CRUISES, CURIOSO PHOTOGRAPHY/SHUTTERSTOCK

Auf dem wasserreichsten Fluss der Welt
sind die Wege unendlich,
und das Zeitgefühl verliert sich

Hier anzulanden, ist unbezahlbar.
Letztlich entscheiden Wetter
und Dünung, wer in der Bucht der
Pinguine live dabei ist

FOTO: SIRTRAVELALOT/SHUTTERSTOCK

Eine gigantische Berg- und Soundkulisse: Geschätzt 150 000 Pinguine sind in dieser Bucht der vielstimmige Chor

4 Saint Andrews Bay, **Südgeorgien**

Kaum eine Bucht auf dieser Welt ist so schwer zugänglich wie die Saint Andrews Bay. Selbst wenn Expeditions-Kreuzfahrtschiffe auf ihrem Weg zum – oder vom – antarktischen Kontinent die Bucht von Saint Andrews an der Nordküste Südgeorgiens erreichen, ist nicht sichergestellt, dass die Passagiere zum Land übersetzen können. Das Wetter ist unberechenbar, der Wind lässt die Dünung oftmals zu stark ausfallen, um in die Schlauchboote zu gelangen. Wer es bis in die Bucht schafft, kann sich aber ziemlich glücklich schätzen. Vor der Kulisse des mächtigen Mount Skittle lebt eine Kolonie von Königspinguinen, die auf etwa 150 000 Tiere geschätzt wird. Den langen Strand am Fuße des Cook-Gletschers teilen sie sich dabei mit Seeelefanten und Pelzrobben.

Auf ihren Antarktis-Expeditionen hat die 2021 in Dienst gestellte „Hanseatic spirit", gerade einmal 139 Meter lang, maximal 199 Passagiere an Bord – Exklusivität garantiert.

Erreichbar mit: „Hanseatic spirit"
von Hapag-Lloyd Cruises
Expedition Antarktis –
Große Expeditionsroute intensiv
18 Tage ab / bis Ushuaia
21. Dezember 2023 bis 8. Januar 2024
Ab 20 160 Euro p. P. in der Balkonkabine
www.hl-cruises.de

Schöner Schwebezustand: Beim Schnorcheln im Jellyfish Lake kann man den Quallen ohne Bedenken nahe kommen – und unter natürlichen Brücken hindurchschwimmen

Der Sonne entgegen – wann und wohin, können die Passagiere mitentscheiden

5 Jellyfish Lake, **Palau**

Bis zu rund 30 Millionen Quallen tummeln sich im Jellyfish Lake von Palau. Nicht die angenehmste Vorstellung eigentlich, doch die endemische Art mit dem Namen Mastigias cf. papua ssp. Etpisoni, oder einfacher „Golden Jellyfish", hat in dem vor rund 15 000 Jahren entstandenen Salzwassersee keine Feinde – und so mit den Jahrtausenden ihre für Menschen schmerzhaften Nesselzellen abgelegt. Das Schnorcheln zusammen mit den goldfarbenen Medusen ist ein beeindruckendes Schauspiel. Das Wasser hat meist um die 30 Grad, die Genehmigung, hier zu schnorcheln, kostet rund 100 Euro.

Den „fünften See", wie der Jellyfish Lake in der Landessprache heißt, besucht man am besten mit der „Four Seasons Explorer". Der im Oktober 2023 auf Jungfernfahrt gehende Katamaran ist nur 39 Meter lang und verfügt über drei Decks und elf Kabinen. Im Gegensatz zu konventionellen Kreuzfahrtschiffen fährt er nicht auf festen Routen, auch nicht zu fixen Terminen. Passagiere können ihren Aufenthalt ganz individuell und exklusiv buchen, auch ein Vollcharter ist möglich.

Erreichbar mit: „Four Seasons Explorer" von Four Seasons
Datum und Dauer individuell buchbar
Ab ca. 2800 Euro pro Nacht
www.fourseasons.com

FOTOS: JESSE ALPERT (2), KEN SEET/FOUR SEASONS

EXCLUSUITE

Der rote Schatz von Rajasthan

Ein Zimmer, eine Story: Diese monochrome Suite mixt indische Pracht mit italienischer Grandezza

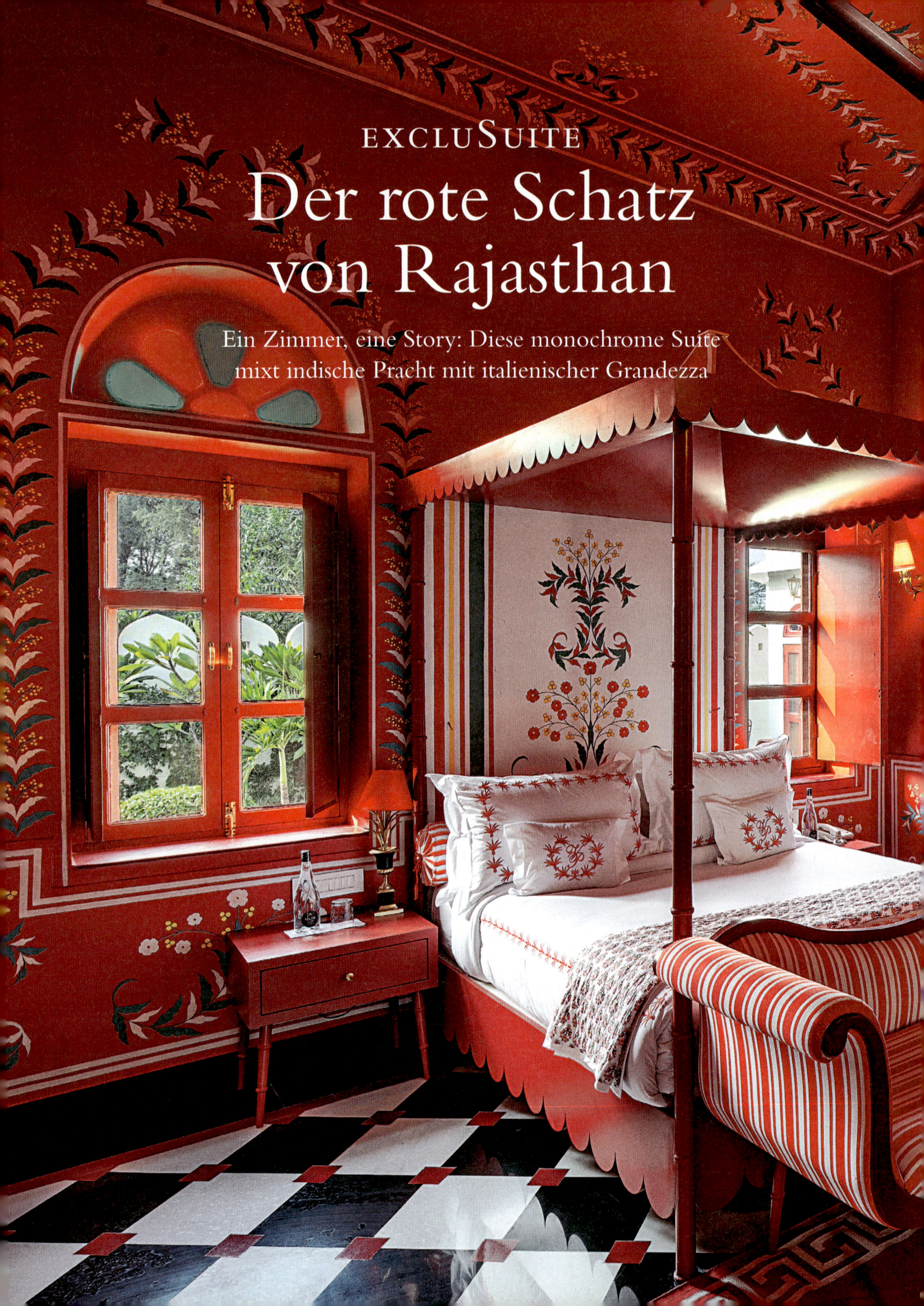

VILLA PALLADIO JAIPUR

Einen eigenen Namen hat die Suite in der Villa Palladio Jaipur nicht, deswegen hier ein paar Vorschläge: Erdbeer-Sahne-Bonbon-Suite. Rubinschatz-Suite. Oder Alice-im-Wunderland-Suite. Würde alles vortrefflich passen auf das edelste der neun Zimmer in dem traditionellen „Haveli", das einst dem Adel als Jagdhaus gedient haben soll. Das Anwesen zehn Kilometer außerhalb von Rajasthans Hauptstadt Jaipur entdeckte die schweizerisch-italienische Unternehmerin Barbara Miolini 2019 und verwandelte es mit der dänischen Designerin Marie Anne Oudejans in ein Boutiquehotel, das drei Jahre später seine Türen öffnete. Es ist bereits die dritte Koproduktion der beiden in Jaipur. Als Mix aus der Opulenz der Maharadschas und dem Flair Italiens hat Oudejans ihr Konzept beschrieben. Die schwarz-weißen Marmorböden der Suite sind vom Vatikan inspiriert, der rote Grundton von den Roben der Kardinäle, und auch die Buntglasfenster tragen zur sakralen Aura bei. Die Bettwäsche und Decken auf dem Himmelbett sind von Hand bedruckt und bestickt – Rajasthan ist bekannt für seine Blumenmotive, die auch die Wände schmücken. Die zwei Türbögen sollen an Gartentore erinnern und führen in ein Wohnzimmer, das neben einem prächtigen Bad samt frei stehender Wanne ebenfalls zur knapp 70 Quadratmeter großen Suite gehört. Das Hotel selbst beschreibt diese als „dekadente Zuflucht in eine eigene fantastische Welt". Da mag man nicht widersprechen, nur anmerken, dass sich die Suite darüber hinaus erstaunlich harmonisch in das Ambiente des Hotels einfügt. So gut wie alle Räume sind in Schattierungen von Rosa über Wassermelone bis Kirschrot gehalten, dadurch wirkt das Haus am Fuße des Aravalligebirges wie ein surreales Gesamtkunstwerk. Nach der Nacht im Himmelbett blickt man von der Frühstücksterrasse auf die Bergkuppen und über den üppigen Garten, in dem Frangipani, Jasmin und Rosen blühen. Selbst die Natur bleibt in der Villa Palladio der Farbpalette treu.

Adresse: Abhay Niwas Palace, Jamdoli Chouraha, Jaipur, www.villa-palladio-jaipur.com

FOTO: ATUL PRATAP CHAUHAN

MERIAN

76. Jahrgang · Nummer 6/2023 · www.merian.de

Herausgeber **Hansjörg Falz**
Chefredakteur **Sebastian Ganske**
Redaktionsleiterin **Tinka Dippel**
Art Director **Uwe C. Beyer**
Chefin vom Dienst **Jasmin Wolf**
Redaktion **Antonia Aust, Kalle Harberg, Jonas Morgenthaler, Stefanie Plarre, Silvia Tyburski; Mitarbeit: Fabian Kulle**
Bildredaktion **Violetta Bismor, Tanja Foley, Katharina Oesten** (Ltg.)
Layout **Lena Thale** (stellv. AD, in Elternzeit)

www.merian.de **Antonia Aust** (Chefredakteurin), **Constanze Brinkschulte, Milena Härich, Mila Krull**
Autoren dieser Ausgabe **Marie Bäumer, Leon Beckenham, Olaf Deharde, Percy C. Schoeler**
Verantwortlich für den red. Inhalt **Sebastian Ganske**

Geschäftsführung **Thomas Ganske, Sebastian Ganske, Peter Rensmann, Arne Bergmann**
Verlagsleitung **Oliver Voß**
Projektmanagerin **Anne Dreßel**
Head of Creation **Kolja Kahle**
Head of Production & Development **Bartosz Plaksa**
Gesamtvertriebsleitung **Andrea Lange** (Zeitschriftenhandel), **Jan Wiesemann** (Buchhandel)
Abovertriebsleitung **Christa Balcke**
Geschäftsführung Sales und Content Solutions **Arne Bergmann** (verantwortlich für Anzeigen)
International Publisher **Dagmar Hansen**
Senior Brand Manager **Henning Meyer** Tel. 040 2717-2496
Anzeigenstruktur **Corinna Plambeck-Rose** Tel. 040 2717-2237
Marketing Consultant **Alexander Grzegorzewski**

Ihre Ansprechpartner vor Ort

Region Nord **Jörg Slama** Tel. +49 40 22859 2992 joerg.slama@jalag.de
Region West / Mitte **Michael Thiemann** Tel. +49 40 22859 2996 michael.thiemann@jalag.de
Region Südwest **Marco Janssen** Tel. +49 40 22859 2997 marco.janssen@jalag.de
Region Süd **Jonas Binder** Tel. +49 40 22859 2993 jonas.binder@jalag.de

Repräsentanzen Ausland

Belgien/Niederlande/Luxemburg **Mediawire International,** Tel. +31 651 48 01 08, info@mediawire.nl
Frankreich/Monaco **Media Embassy International,** Tel. +33 (0)6 03 92 09 15, info@media-embassy.fr
Großbritannien/Irland **Mercury Publicity Ltd.**, Tel. +44 7798 665 395, stefanie@mercury-publicity.com
Italien **Media & Service International Srl,** Tel. +39 02 48 00 61 93 info@it-mediaservice.com
Österreich **Michael Thiemann,** Tel. +49 4022859 2996, michael.thiemann@jalag.de
Schweiz/Liechtenstein **Goldbach Publishing AG** Tel. +41 (0) 442484025 simone.trachsler@goldbach.com
Skandinavien **JB Media International ApS**, Tel. +45 (0) 21 43 75 18, mpe@jbmedia.dk
Spanien/Portugal **The International Media House,** Tel. +34 91 7023484, administracion@theinternationalmediahouse.com

Die Premium Magazin Gruppe im Jahreszeiten Verlag

Gültige Anzeigenpreisliste: **Nr. 15**
Heft 6/2023. Erstverkaufstag dieser Ausgabe ist der **20.10.2023**
Redaktionsschluss: 20.09.2023

MERIAN erscheint im
Jahreszeiten Verlag GmbH
Harvestehuder Weg 42, 20149 Hamburg,
Tel. 040 2717-0
Redaktion Tel. 040 2717-2600
E-Mail: redaktion@merian.de
Internet www.merian.de

Abonnementvertrieb und Abonnentenbetreuung
DPV Deutscher Pressevertrieb GmbH (bis 31.10.2023)
Tel. 040 2103-1371, Fax -1372
www.dpv.de, E-Mail: leserservice-jalag@dpv.de
Abo-Service Jahreszeiten Verlag (ab 01.11.2023)
Postfach 10 40 40 I 20027 Hamburg, Tel. 040 236 704 000
E-Mail: kundenservice@jalag.de

Merian (USPS no 11458) is published by JAHRESZEITEN-VERLAG GMBH. Known Office of Publication: Data Media (A division of Cover-All Computer Services Corp.), 2221 Kenmore Avenue, Suite 106, Buffalo, NY 14207-1306. Periodicals postage is paid at Buffalo, NY 14205. Postmaster: Send address changes to Merian, Data Media, P.O. Box 155, Buffalo. NY 14205-0155, E-Mail: service@roltek.com, Toll free: 1-877-776-5835

Vertrieb
DMV Der Medienvertrieb GmbH & Co. KG, Meßberg 1, 20086 Hamburg
Postproduction
Rhapsody CE Sp. z o.o., al. Armii Ludowej 14, 00-638 Warschau, Polen

Druck und Verarbeitung
Walstead Kraków Sp. z o.o., ul. Obrońców Modlina 11, 30-733 Krakau, Polen

Jahresabonnementspreis im Inland 59,40 €, für Studenten 29,70 € (inklusive Zustellung frei Haus). Der Bezugspreis enthält 7 % Mehrwertsteuer. Auslandspreise auf Nachfrage. Führen in Lesemappen nur mit Genehmigung des Verlages.

Printed in Germany, ISBN 978-3-8342-3397-4, ISSN 0026-0029, MERIAN (USPS No. 011-458) is published by JAHRESZEITEN VERLAG GMBH.

Bildagentur Image Professionals GmbH
Tumblingerstr. 32, 80337 München,
www.imageprofessionals.com

JAHRESZEITEN VERLAG

EIN UNTERNEHMEN DER **GANSKE VERLAGSGRUPPE**

Weitere Titel der JAHRESZEITEN VERLAG GmbH: DER FEINSCHMECKER, AW ARCHITEKTUR & WOHNEN, FOODIE, LAFER, MERIAN SCOUT, ROBB REPORT

Diese Zeitschrift ist auf PEFC-zertifiziertem Papier gedruckt. PEFC garantiert, dass ökologische, soziale und ökonomische Aspekte in der Verarbeitungskette unabhängig überwacht werden und lückenlos nachvollziehbar sind.

LAS VEGAS

Let Me Entertain You: Mit neuen Attraktionen und riesigen Events festigt die Wüstenstadt in Nevada ihr Image als Unterhaltungstalent

FOTOS: RANDYANDY101/GETTY IMAGES, JAN WLODARCZYK/ALAMY STOCK PHOTO, MARC MILLAR PHOTOGRAPHY

Reise-Favoriten für 2024

Die Olympia-Stadt Paris, das Trend-Land Südkorea, der Design-Hotspot San Diego, das aufstrebende Kolumbien, wilde Pfade durch Sachsen, Naturparadies Istrien, das ferne Königreich Bhutan plus weitere Traum-Reiseziele für das kommende Jahr.
Außerdem: wie die Modegiganten Versace und Armani mit Hotels neue Maßstäbe setzen, die Geschichte der Villa La Massa bei Florenz, die Glas-Manufakturen von Lothringen und warum die Unternehmerin Kristine Tompkins zur Beschützerin Patagoniens wurde.

Das nächste MERIAN erscheint am 1. Dezember 2023

JORDANIEN

A Walk on the Wild Side: Das Land bietet einzigartige Wüstenerlebnisse – etwa eine Wanderung im Wadi Rum

EDINBURGH

Held am Herd: Durch Pioniere wie Spitzenkoch Tom Kitchin hat sich das raue Hafenviertel Leith zu einem quirligen Genussziel entwickelt

Wie bist Du so unterwegs?

An dieser Stelle erzählen Vielreisende von ihrem Leben aus dem Koffer. Ohne was sie niemals losfahren würden, welchen Luxus sie sich unterwegs gönnen und an welchen Orten sie gerne für immer geblieben wären. Diesmal: Buchpreisgewinner und heimlicher Brunnenliebhaber **Saša Stanišić**

MERIAN *Wann bist Du auf Reisen noch richtig aufgeregt?*
SAŠA STANIŠIĆ Am Abend davor. Wird auch mit tausend Reisen nicht besser werden. Habe ich alles, was ich brauche, gepackt? Sind die Reservierungen alle gemacht? Schaffen wir wirklich den Anschluss mit der Bahn, sind da zwei Stunden nicht zu kurz?

Außer den üblichen Verdächtigen wie Zahnbürste und Co.: Welche drei Dinge dürfen in Deinem Gepäck nie fehlen?
Irgendwas gegen Durchfall.
Irgendwas gegen Mücken. UNO.

Und was packst Du immer ein und benutzt es nie?
Die Sonnenbrille.

Einmal angekommen: Welche Art von Sehenswürdigkeiten suchst Du an neuen Orten immer als Erstes auf?
Gibt es einen Brunnen? Dann bin ich schon unterwegs. Brunnen können so viele so unterschiedliche Geschichten erzählen. Von Eroberungen oder von Versammlungen, von Gönnern und Architekten, von Nöten und deren Überwindungen. Ein Brunnen ohne eine Geschichte existiert nicht. Danach geht es ins Heimatmuseum oder irgendeines über die lokale Geschichte. Meist sind da keine Besucher, und es gibt denkwürdige Erinnerungen zu entdecken.

Von was machst Du in der Ferne Fotos – und an wen schickst Du sie?
Immer vom Fernseher und der Gardine im Hotel- oder Pensionszimmer. Behalte die aber für mich, bin nicht so ein Urlaubsfotosherumzeiger.

Welchen Luxus gönnst Du Dir unterwegs immer?
Außer Tee und Kaffee nichts selbst zu kochen.

Welcher Song ruft bei Dir sofort Reiseerinnerungen hervor?
„Azzurro" von Adriano Celentano.

Wann hast Du Dir unterwegs gedacht: Hier könnte ich für immer bleiben?
Sehr oft schon: Stets in Dalmatien, wo ich als Kind solch schöne Erinnerungen für mich bauen durfte. In Umbrien, wo ich die Hügel und die Küche und die Allmählichkeiten so genieße wie sonst kaum wo. In Südtirol und auf Hiddensee, weil dort nichts zu viel zu sein scheint.

Welche Spezialität ist Dir immer eine Reise wert?
Pašticada, ein dalmatinischer Rinderbraten, in einem Laden namens „Radmanove Mlinice" in der Nähe der Stadt Omiš südöstlich von Split in Kroatien.

Wann hast Du Dich das letzte Mal so richtig verirrt?
Es ist schon eine Weile her – in Tunesien 1999. Da habe ich mal die vorgeschlagenen Wege verlassen und mich allein auf eine Wanderung gemacht. Bald schon wusste ich weder, wo ich bin, noch wie ich zurückkehre. Ich sprach eine ältere Frau an, die mich in ihr Haus einlud. Die ganze Familie war versammelt, wir konnten uns kaum verständigen, ich sollte zum Essen bleiben. Es war sagenhaft schön, so verloren zu gehen und Hilfe und Gastfreundschaft von Unbekannten zu bekommen, die sich alle Mühe gaben, nicht unbekannt zu bleiben.

Was war schlicht der schönste Ort, an dem Du je warst?
Venasque in der Provence. Dort, in einem Häuschen direkt an der Klippe, habe ich entschieden, es als Schriftsteller zu versuchen, und mit dem Blick auf den Mont Ventoux meinen ersten Roman geschrieben. Dort habe ich mit meinem besten Freund auf die Freundschaft angestoßen, die bis heute eine so wertvolle ist. Dort habe ich an einem Brunnen gesessen und gedacht: Was für ein Leben das doch ist – als Kriegskind das Privileg zu haben, an diesem Brunnen zu sitzen und Geschichten zu erfinden. ❖

FOTO: KATJA SÄMANN